노자로
살아가는 맛
박종숙 저
신아사

삽화 강희원

노자로 살아가는 맛

목차

노자와 『노자』

노자로 살아가는 맛

공자와 더불어 노자는 동아시아의 가장 중요한 성현이다. 하지만 노자는 누구이고 『노자』는 도대체 어떤 책인가? 의아해하는 사람들이 많을 것이다. 서점이나 도서관에 가서 『노자』에 관한 원전이나 해설서를 보거나 인터넷 검색을 해보면 내용이 모순과 비논리로 가득 차 있어 일관성도 없고 체계도 없는 듯하다. 그럼에도 불구하고 노자는 공자와 석가모니와 함께 우리 민족에게 가장 큰 영향을 끼친 성인의 한 사람이니 무시할 수도 없는 노릇이다. 한국인으로서 한국의 사상에 큰 영향을 끼친 성인 세 분 정도는 알고 있어야 하니 말이다.

흔히 한국의 사상을 말하라고 하면 공자의 유교 사상, 석가의 불교 사상, 그리고 노자의 도교 사상을 꼽는다. 도道는 선仙으로 불리기도 하는데, 이는 도인道人과 선인仙人을 동일시하는 사람들에 의해 그렇게 불리어졌다. 물론 현대 한국에서는 위 세 가지 전통 사상 이외에도 민주주의와 기독교 사상이 상당한 영향을 끼치고 있다. 하지만 비교적 늦은 시기에 서양에서부터 받아들인 민주주의나 기독교 사상에 비하여 앞서 말한 유불도, 즉 유불선 사상은 수 천 년 전이라는 아주 이른 시기부터 우리 민족의 사상적 뿌리가 된 잘 익은 술과 같다. 그러니 어찌 그 그윽한 맛을 보면서 기쁘게 살아가지 않을 수 있겠는가?

그런 의미에서 먼저 노자는 누구이고 그가 썼다는 책『노자』는 무엇인지 알아보도록 한다.

『노자』는『장자』보다 앞선 도道 사상의 근본 원전이라고 알려져 있다. 어떤 학자들은 이 책의 지은이인 노자가 실제로 존재한 인물이 아니었고, 또 실존했다 하더라도『장자』의 지은이인 장자보다도 더 늦은 시기에 살았던 인물이라고 주장하기도 한다. 이는『노자』의 문체를 볼 때『장자』이전이 아니라 이후에 나왔을 가능성이 높기 때문이라는 것이다.

하지만 사마천이『사기』에서 노자의 간단한 생애와 그와 공자의 만남을 언급했기 때문에 노자는 공자와 동 시대의 인물이고, 노자와 그의 사상을 담은『노자』또한『장자』보다 이른 시기에 나왔다고 보는 게 정설로 되어 있다. 그만큼 사마천에 대한 사람들의 신뢰는 절대적이라고 하겠다. 다만 오늘날 우리가 볼 수 있는『노자』는 노자가 말한 내용 그대로가 아니라 한나라로부터 위진남북조시대, 당나라 원나라 명나라 청나라 등 후대의 수많은 학자들이 고치고 빼는 등 편집해 온 결과이다. 다시 말해서 노자의 생각을 담은『노자』의 번역문은 말할 것도 없지만 원문 자체도 서로 다른 판본에 따라 다소 다르다.

먼저 우리가 가장 쉽게 접할 수 있고 본고의 판본이기도 한

『노자』는 위 나라 때 왕필王弼이 주석한 이른바 왕필본이다. 하지만 왕필 이전인 한나라 때의 은자 하상공河上公이 주석한 하상공본이 있고, 당나라 때 도사 부혁傅奕이 주석한 부혁본도 있다. 이밖에도 남북조 때와 송나라와 청나라 때, 및 최근 중국의 판본들도 있다.

뿐만 아니라 1973년 중국 호남성 장사 마왕퇴의 한 무덤에서 발굴된 판본도 있다. 이 판본은 비단 위에 씌어졌다고 해서 백서본帛書本이라 불린다. 백서본에는 또 두 가지 판본이 있어서 하나는 갑본, 또 하나는 을본으로 불린다. 하지만 왕필본과 달리 덕德을 먼저 이야기하고 도道를 나중에 이야기하고 있기 때문에 『도덕경』이 아니라 『덕도경』으로 불린다. 쓰인 글자체도 매우 독특한 데다가 한 글자를 여러 가지 다른 뜻으로 쓰는 가차假借 글자가 많다는 특징이 있다.

이 밖에도 가장 최근인 1993년 중국 호북성 곽점촌의 초나라 무덤에서 발굴된 판본인 곽점초묘죽간본郭店楚墓竹簡本이 있다. 줄여서 초간본이라 불리는 이 판본은 갑본 20장, 을본 8장, 병본 3장 등 31장으로 되어 있고, 백서본과 마찬가지로 글자들이 매우 독특하고 가차 글자들도 많다.

이 초간본을 해석하여 시중에 내놓은 책이 바로 최재목이 역주한 『노자』로, 최재목은 이 책에서 초간본과 백서본이 현재 통행되는 왕필본보다 체계가 정연하다고 밝히고 있다. 또한 비록 세 판본의 편제는 다르지만 초간본과 백서본에 들어 있는 내용은 거의 다 왕필본에 들어있는 반면, 왕필본에 있는 내용이 초간본에는 없다고 한다. 이로 보아 현재 통행되는 왕필본은 당나라 송나라 명나라 청나라 등 역대 왕조를 거치면서 덧붙여진 내용이 적지 않았음을 알 수 있다.

주로 '도道'와 '덕德'을 다루고 있기 때문에 『도덕경』으로도 불리는 『노자』의 지은이인 노자는 '인仁'을 진리의 근본으로 말한 공자와 함께 중국대륙과 한반도, 및 일본 섬 등 동아시아뿐 아니라 전 세계 여러 나라에 이름을 날리고 있다. 한반도의 경우만 하더라도 삼국시대와 고려, 및 조선 시대를 거치며 노자의 사상은 많은 사람들에게 영향을 끼쳤다. 『삼국사기』「백제본기」에 따르면, 백제의 근구수왕이 근초고왕의 태자로 있을 때 고구려 군사를 대패하고 나서도 계속 추격하려고 하자 장군 막고해莫古解가 다음과 같이 말했다:

> 일찍이 도가道家의 말을 들으니 "족한 줄 알면 욕되지 않고, 그칠 줄 알면 위태롭지 않다."고 하였습니다. 지금 얻은 바가 많으니 어찌 무엇을 더 구하겠습니까?

태자가 이 말을 듣고 옳다고 여겨서 추격을 그만 두었다고 한다. 위에 인용된 "족한 줄 알면 욕되지 않고, 그칠 줄 알면 위태롭지 않다."는 구절은 『노자』 제44장의 "지족불욕知足不辱 지지불태知止不殆"를 인용한 말이다. 전쟁 중에 무인武人인 장군 막고해가 노자의 말을 인용하여 임금의 추격 의지를 꺾었다는 이 기록은 백제 시대에 적지 않은 문인文人들이 『노자』의 몇 구절을 꿰고 있었음을 의미한다. 무인에 비해 문인들은 상대적으로 더 많은 서책을 탐구하기 때문이다.

백제뿐 아니라 고구려와 신라의 사람들도 노자에 관해 알고 있었을 것이다. 신라의 화랑도가 바로 선도仙道에 뿌리를 두고 있음을 보면 그렇게 단언할 수 있다. 고려 때에는 노자 사상이 꽤 널리 퍼져 있었던 것 같다. 예종이 한안인韓安仁이라는 도가道家 학자에게 『도덕경』을 강론하게 하였다는 기록이 『고려사』에 전하는 것을 보면 그렇다. 주지하다시피 고려 때에는 불교를 국교로 삼았는데, 불교는 따지고 보면 도교와 한 뿌리라고 볼 만큼 사상적으로 비슷하다. 그 때문에 송나라 주희는 노자 사상과 석가모니 사상을 노불老佛 사상으로 묶어서 불렀던 것이다. 실제로 불교의 불佛은 도교의 도道와 이름만 달랐지 그 내용은 대동소이하기 때문에, 위에 언급한 한안인뿐 아니라 많은 고려의 학자들이 『노자』를 탐구하여 해설서를 썼을 것으로 보인다.

유교를 나라의 근본으로 삼았던 조선시대에도 노자 사상에 관한 연구가 있었다. 예를 들자면 성리학의 대가 이율곡이 『도덕경』 81장을 거의 반절인 40여 장으로 줄여 『도덕경순언道德經醇言』을 써냈다. 유감스럽게도 이 책을 볼 수는 없지만 율곡 이이李珥는 자신의 성명과 발음이 똑 같은 노자 이이李耳와 그의 사상에 관해 진한 관심과 애정을 느꼈을 것으로 짐작된다. 더구나 율곡이 심취한 성리학의 사상적 뿌리인 주자학이 이전의 전통적 유학과 달리 불교적 색채가 가미된 신유학新儒學이었음을 감안하면, 율곡이 『노자』의 핵심 사상을 짜내어 담은 『도덕경순언』이 노자의 사상을 유학과 접목시키는 신유학의 관점을 지니고 있었을 것으로 짐작된다.

그럼 이제 한漢나라의 역사가 사마천의 『사기』 「노자열전」에 기록된 노자의 생애를 알아보기로 하자. 이에 따르면 노자의 성은 이李씨이고 이름은 이耳이며 죽은 후에는 담聃이라는 시호를 썼다. 노자는 춘추시대 초楚나라 출신이지만 주周나라에서 말단관리를 지냈다. 한번은 공자가 노자를 찾아와 가르침을 청했는데, 그 자리에서 노자는 인仁과 군자君子에 집착하는 공자의 야심을 지적했고, 돌아온 공자는 노자를 자신이 파악할 수 없는 용으로 비유하며 찬양했다. 노자는 줄곧 재능을 숨기고 있다가 주나라의 덕이 시드는 것을 보고 주나라를 떠나 함곡관에 이르렀다. 당시 함곡관의 관장인 윤희가 노자의 범상치 않은 풍모를 보고 한 말씀 해주기를 간청하자 노자는 도道와 덕德에 관한 오천 자의 글을 남기고 떠났다. 이것이 『노자』 또는 『도덕경』이라고 불리는 책이라는 것이다.

그런데 왜 사마천이 소개한 노자는 성과 이름이 다 '노'라는 글자와 관계가 없는 이이였을까? 이이는 앞에서도 언급했듯 조선의 성리학자 율곡 이이와 발음이 같다. 하지만 이름자인 이의 한자가 다르다. 율곡 이이는 구슬 옥 변에 귀 이인 이珥이고 노자 이이는 그냥 귀 이耳이다. 어쨌든 공구孔丘와 묵적墨翟 등은 모두 성씨 뒤에 존경의 뜻을 담은 '자子'를 붙여 공자와 묵자라고 존칭했는데, 왜 이이李耳는 성씨인 이李 뒤에 '자'를 붙여 이자李子로 존칭되지 않고 노자老子로 불리게 되었을까?

이에 대해서는 노자에 관한 다른 기록을 통해 유추할 수 있다. 즉 출처를 확인할 수 없는 한 기록에 따르면 노자는 공자와 동 시대 사람으로서, 성이 노老이고 이름은 담儋이며 주나라에서 태사太史의 벼슬을 했다. 사마천은 노자의 시호를 담聃이라고 하는데, 이 기록에서는 노자의 이름이 담儋이었다고 한다. 비록 한자가 서로 다르기는 해도 발음은 둘 다 담이다. 다만 사마천은 노자의 시호를 담이라고 했으나 이 기록에서는 노자의 이름을 담이라고 했다는 점에서 다를 뿐이다.

또 사마천은 『사기』에서 노자가 주나라에서 말단관리를 지냈다고 했으나, 이 기록에 따르면 그가 태사太史라는 벼슬을 했다고 한다. 태사는 오늘날 국사편찬관장에 해당되는 비교적 높은 고급공무원으로, 그가 바로 『노자』 15편의 저술을 한 노래자老萊子라는 것이다. 이 기록에서는 또 노래자가 전국시대 말에 진秦나라가 천하를 통일할 것이라고 예언했다고 함으로써 예언자로서의 노자를 부각시키고 있다.

아마도 노자를 이자李子라고 부르지 않고 노자老子라고 부르게 된 것은 이 기록에서 비롯된 듯하다. 하지만 노래자가 지었다는 『노자』 15편이 지금 우리에게 전해지는 『노자』 81장과 같은 내용이었는지 아닌지에 대해서는 확인할 길이 없다. 한편 또 다른 기록에 따르면 노자의 자字가 백양伯陽이었다고 하는데, 이 기록에 대해서도 확인할 길은 없다. 그 때문인지 공자의 자가 중니仲尼임을 아는 사람은 많지만, 노자의 자가 백양이라는 것을 아는 사람은 그리 많지 않다.

“공자가 뿌리를 심었고, 노자가 뿌리를 길렀고, 석가가 뿌리를 뽑았다: 孔子植根(공자식근), 老子養根(노자양근), 釋迦拔根(석가발근)”이라는 말이 있다. 공자가 우리에게 인仁의 뿌리를 심었다면 노자가 그 뿌리를 도道로 양육했고, 석가는 인과 도의 뿌리를 뽑아버렸다는 뜻이다. 이 구절은 물론 유교의 인仁과 도교의 도道보다는 불교의 공空사상을 강조한 것이다. 하지만 노자의 도道에도 석가의 공空과 다를 바 없는 무無를 담고 있다. 그 때문에 송나라의 주희는 노자와 불교 사상을 노불 사상이라고 함께 묶었던 것이다. 그런 의미에서 볼 때, 한국과 중국, 그리고 일본 등 동북아시아의 양대 산맥은 역시 유교와 도교, 즉 공자 사상과 노자 사상이라고 할 수 있다.

마지막으로 노자와 『노자』를 한 두 마디로 정리하자면 이렇다. 즉 노자는 지금부터 약 2500여 년 전 춘추 시대 초나라에서 태어나 주나라에 가서 관리노릇을 하다가 주나라를 떠나 함곡관에 이르러 도道와 덕德에 관한 글을 남긴 도가道家 사상가의 태두이다. 하지만 오늘날 우리가 보는 『노자』 81장 5천 자는 2500여 년 전 노자가 남긴 글 그대로가 아니라 한나라 위진 남북조 여러 나라뿐 아니라 당나라 송나라 원나라 명나라 청나라의 학자와 편집자들이 빼고 덧붙인 결과물이다.

노자로 살아가는 맛

노자로 살아가는 맛

노자로 살아가는 맛

들어가며

예수와 소크라테스가 서양 사람들에게 가장 중요한 두 성인이라면 공자와 노자는 동양 사람들에게 있어서 가장 중요한 양대 성인聖人이다. 물론 석가도 동양인에게 깊은 영향을 준 성인으로, 한국뿐 아니라 중국과 일본에서도 오래 전부터 유불도儒佛道 또는 유불선儒佛仙이라는 이름하에 이 세 인물을 존숭해 왔다. 하지만 그 중에서도 공자와 노자는 한중일 세 나라에서 가장 중요한 양대 성인이다. 그 때문에 사전에서 노老라는 글자를 찾아보면 늙을 노라는 새김도 있지만 노자 노라는 새김도 있다. 자子라는 글자의 새김도 아들 자이면서 동시에 스승 자인 것처럼 말이다.

그런데 앞에서도 언급했지만 불佛과 도道는 너무도 비슷한 점이 많다. 실제로 『노자』를 펼쳐보면 『금강경』이나 『반야심경』이 떠오를 정도이다. 그 때문에 일찍이 송宋나라의 주희(주자)는 노자와 석가의 제자들을 모두 노자와 석가의 무리라고 부르면서 노자와 석가의 사상을 노불사상으로 통합했던 것이다. 주자는 비록 공자를 태두로 하는 유가儒家의 학자였지만 그가 재정리했다고 알려진 사서四書, 즉 『논어』 『맹자』 『대학』 『중용』 가운데 특히 중용의 개념은 도가道家와 불가佛家의 색채가 많이 가미되어 있다.

이는 그가 살았던 송나라의 주류 사상이 불교였던 것과도 연관이 있다. 그 때문에 후대의 학자들은 주자를 비롯한 송나라 유학자들을 신유가新儒家 학자들이라고 하고 이들의 유학을 新儒學이라고 불렀다. 이들 신유학자들은 전통적인 유학자들과 달리 유가 사상을 도가 사상과 불가 사상에 접목하여 더욱 확장시킨 장본인들로서 우리의 주목을 끌고 있다.

흔히 많은 사람들은 노자의 도道가 심오하지만 실천이 어렵다고들 한다. 득도得道, 즉 도를 얻는 것은 너무도 이상적이어서 현실에서 실현하기가 불가능한 그림의 떡이라고도 한다. 이는 사람들이 불교의 견성見性과 성불成佛에 대해 갖는 태도와 흡사하다. 그래서 역대의 많은 학자들은 노자의 철학을 형이상학적이고 관념적인 것으로 간주하고, 탁상공론 하듯이 그럴듯한 해설과 주석을 붙이는 데 골몰해왔다.

물론 노자를 연구 대상으로 삼지 않고 실행한 사람들도 적지 않다. 시대를 막론하고 실천을 중시한 이들은 『노자』의 내용에서 실현 가능한 부분을 찾아내어 제 나름대로 생활의 지침으로 삼아온 것이다. 예를 들면 김용옥 등 현대 한국의 학자들은 『노자』 81장을 통하여 어떻게 각박한 현실을 헤쳐 나가고 상처받은 영혼을 치유할 수 있는지에 대해 구체적인 실천의 예를 들어 역설하고 있다.

중국의 학자들도 『노자』가 실생활에서 상처받은 사람들을 치유한다는 점을 강조한다. 최근 번역되어 나온 난화이진南懷瑾의 『노자, 그가 말하기를: 老子他說』에 따르면 공자를 사람들이 매일 먹는 양식을 제공하는 곡물상으로, 석가모니를 사람들이 원하는 것은 무엇이나 구할 수 있는 만물상으로 비유한 반면, 노자는 사람들이 병들었을 때 찾아가는 병원과 약국으로 비유하고 있다.

난화이진에 따르면 동아시아의 많은 사람들이 실제로 공자의 말씀을 일용할 양식으로 살아가고 있고, 석가의 깨우침은 각자 필요한 용도로 갖다 쓸 수 있는 온갖 물건으로 여기는 한편, 노자의 가르침은 현실에서 지치고 병든 사람들이 주로 찾는 약과 주사로 실용하고 있다는 것이다.

필자 또한 이들 한국과 중국의 실용주의자들과 같은 관점을 가지고 출발한다. 다만 노자를 의사나 약사로 보고, 노자의 사상을 약이나 주사로 간주하여, 그저 아플 때만 찾는 대상으로서가 아니라 쌀 같은 양식도 되고 잡화 같은 일상용품도 되는 통합적인 전체로 볼 것이다. 또한 노자의 사상을 실천 불가능한 이론으로 보기보다 일상생활을 살아가면서 누구나 마음만 먹으면 지금 이 순간에도 새록새록 맛볼 수 있는 실천의 말씀으로 풀어나가는 것이 필자가 이 글을 통해 도달하고 싶은 진짜 목표이다. 이 글의 제목을 『노자로 살아가는 맛』으로 삼은 것도 바로 이 때문이다.

엉뚱한 뒤집기

『노자』 81장 오천 여 글자에서 가장 많이 발견할 수 있는 특성은 바로 모순과 역설이다. 그야말로 노자는 입만 뻥긋하면 모순과 역설을 말하고 있다 해도 과언이 아니다. 특히 파라독스paradox로도 말하는 역설을 풀이하자면 상식과 논리를 뛰어넘는 엉뚱한 이야기이다. 똑바로 보는 대신 뒤집어 보는 말이 바로 역설인 것이다.

역설은 노자 사상을 이해하고, 노자로 살아가는 첫 번째 코드이다. 역설과 모순을 진정으로 이해하면 엉뚱한 뒤집기가 가능해진다. 만약 우리가 일상생활 속에서 난관에 부딪혔을 때, 엉뚱한 뒤집기를 함으로써 어려운 상황을 쉽게 전환할 수 있다면 노자로 살아가는 맛을 볼 수 있다. 이것이 바로 전화위복轉禍爲福이다.

또 반대로 살아가다가 큰 행운을 얻었다 하더라도 엉뚱한 뒤집기를 함으로써 기쁨과 즐거움에 과도하게 도취되지 않는다면 노자로 살아가는 맛을 볼 수 있다. 이것이 바로 호사다마好事多魔의 참 뜻이다. 전화위복과 호사다마는 다름 아닌 중용, 즉 중심의 도리이니, 노자의 역설은 어느 한쪽으로 치우치기 쉬운 인생에 중심을 잡아주는 첫 번째 지침인 셈이다.

이제 『노자』 원서를 펼쳐 제1장에서부터 제81장까지 노자의 역설을 따라가 보자. 먼저 제1장 첫머리는 바로 도道와 명名에 관한 뒤집기이다:

> 도라고 말할 수 있는 도는 진짜 도가 아니고 이름이라고 말할 수 있는 이름은 진짜 이름이 아니다.
>
> 道可道(도가도) 非常道(비상도), 名可名(명가명) 非常名(비상명).

분명 비논리적인 역설이다. 하지만 실제로 도는 언제나 그 도로 머물러 있지 않고 이름 또한 언제나 그 이름으로 있는 게 아니다. 왜냐하면 도道는 때로는 사랑 애愛로 나타나기도 하고,

자慈와 비悲로 나타나기도 하고 인仁으로 나타나기도 하기 때문이다. 명名 또한 시시때때로 변한다. 예를 들어 필자의 이름은 박종숙이지만 어린 시절엔 할머니에게 두레로 불렸고 영세명은 캐티Katharine이고, 어떤 모임에 가면 홍균弘均으로 불리고 또 다른 모임에 가면 햇살로도 불린다.

뿐만 아니라 하는 역할에 따라서 필자는 딸로도 불리고 엄마로도 불리고 선생님으로도 불린다. 그 외에도 길을 걸으면 보행자라는 이름을 얻고 물건을 사러 가면 고객으로 불리고 영화나 연극을 보러 가면 관객이라는 이름을 얻는다. 이처럼 한 사람의 이름이 시간과 장소에 따라, 또는 관계와 상황에 따라 여러 가지 다른 이름이 된다. 그 때문에 도라고 말하면 도가 아니고 이름이라고 말하면 이름이 아니라는 위 본문은 궤변이 아닌 진리인 것이다.

제2장의 다음 역설도 궤변 같은 진실을 말하고 있다:

> 세상이 다 아름다움을 아름답다고 알고 있지만 그것은 미운 것일 뿐이고, 모두 착함을 착하다고 알고 있지만 그것은 착하지 않은 것일 뿐이다. ……그래서 성인은 일하지 않으면서 일을 하고, 말하지 않으며 가르치고 …… 공적을 이루고도 머물지 않으니, 머무르지 않기 때문에 그 공적은 사라지지 않는다.

천하개지미지위미 사오이 개지선지위선 사불
天下皆知美之爲美 斯惡已, 皆知善之爲善 斯不
선이 시이성인처무위지사 행불언지교
善已 …… 是以聖人處無爲之事 行不言之教 ……
공성이불거 부유불거 시이불거
功成而不居 夫唯不居 是以不去.

위 역설은 아름다움이 한순간에 미움으로 변하고 착함 또한 찰나에 악함으로 변한다는 진실을 이야기하고 있다. 비록 지금 여기에서 내가 아름다운 사람을 보고 아름답다고 감탄하고 또 예쁜 꽃을 보고 예쁘다고 느끼지만, 아름다운 사람은 머지않아 늙고 병들어 추하게 변하고, 예쁜 꽃 또한 곧 시들어 고운 빛을 잃고 쓰레기통에 던져질 것이다. 영화나 소설에서 흔히 보듯 우리 인생에서 피해자가 가해자가 되고 가해자가 피해자가 되는 일도 허다하다. 사람이든 꽃이든 고정적으로 머물러 있는 것은 없다는 뜻이다.

그래서 성인은 일하지 않으면서 일을 하고(무위지사無爲之事) 말하지 않으면서 가르친다(불언지교不言之教). 어떤 일을 했다고 해도 다음 순간 한 게 없이 사라지니 해놓은 일이 없고, 말했다 하면 다음 순간 그 말한 것이 사라지고 없으니 말로 가르친 게 없다는 뜻이다. 그 때문에 우리의 말과 행위는 마치 종을 친 것 같고 피리를 분 것과도 같이, 하긴 했는데 사라지고 없다. 그러므로 진정한 성인은 공적을 세웠으면서도 그 공에 머물러 포상을 바라거나 칭송을 바라지 않고 떠나간다. 그처럼 훌훌 떠나가기에 오히려 공이 그로부터 떠나지 않고 영원히 온 세상에 남아있게 되는 것이다.

이처럼 성인(도인)은 하지 않음으로써 일을 하기 때문에 제3장의 다음과 같은 놀라운 역설적 결과를 초래하게 된다:

> 하지 않는 함을 하면 다스리지 못할 게 없다.
>
> 위 무 위 즉 무 불 치
> 爲無爲 則無不治.

하지 않는 함, 즉 무위無爲란 사람들의 눈에는 하지 않는 것처럼 보이는 함을 말한다. 마치 전기나 자기磁氣처럼 보이지 않게 줄을 타고 와서 전등을 켜고 전기밥솥을 돌리고 자기부상열차를 달리게도 한다. 그야말로 누가 하는지도 모르게 두루 다 할 수 있는, 보이지 않는 에너지의 작용이 바로 하지 않는 함이고 무위의 다스림인 것이다. 그 때문에 도인의 보이지 않는 한마음의 행行은 빛보다 더 빠르게 광대한 우주를 돈다. 또한 도인이 하는 마음의 행은 좁쌀보다 더 작은, 현미경으로도 볼 수 없는 미세한 곳까지 아니 미치는 데가 없다. 그래서 아무리 작건 크건 도인이 다스리지 못할 것은 하나도 없는 것이다.

도인이 다스리는 도道에 관한 제4장의 내용도 역시 아래와 같은 역설로 시작된다:

> 도는 비어 있지만 그것은 사용된다. 그래서 가득 차 있지 않기도 하다.
>
> 도 충 이 용 지 혹 불 영
> 道沖而用之 或不盈.

도는 도교에서 말하는 진리의 핵심 단어로, 그 도는 겉으로는 비어 있는 듯 보이지만 실은 꽉 차 있는 에너지이다. 그래서 도인은 언제나 그것을 꺼내어 용도에 맞게 사용한다. 이렇게 도는 도인에 의해서 항상 사용되기 때문에 늘 가득 차 있는 것도 아니라는 뜻이다. 도는 형상이나 물질로 보면 텅 비어 있는 듯하다. 하지만 마음과 정신으로 보면 언제나 마음대로 꺼내서 쓸 수 있는 만큼의 넘치지도 모자라지도 않는, 줄지도 늘지도 않는 에너지가 바로 도인 것이다.

이처럼 만물만생과 우주 전체를 관통하는 정신의 에너지는 아무런 염려 없이 언제든지 용도에 따라 꺼내어 써도 넘치거나 모자라지 않는다. 반면에 물질을 긁어모아 창고에 쌓아두면 도둑맞을 수도 있고, 사기를 당할 수도 있다.

제9장 첫머리는 바로 물질에 집착하는 사람에 대한 경고이다:

> 물질을 가져다가 가득 채우는 것은 아예 채우지 않음만 못하다.
>
> 持而盈之 不如其已.(지이영지 불여기이)

물질을 가득 쌓아놓고 도둑맞을까 또는 사기 당할까 두려워서 근심걱정을 하고 불안에 떠느니 차라리 텅 빈 마음으로 편안히 살라는 가르침이다. 물론 우리의 삶 속에서 물질은 필요하고, 물질 없이 편안히 살기도 어렵다. 우리의 모습 자체가 지수화풍地水火風의 물질로 이루어져 있으니 말이다.

다만 과유불급過猶不及, 즉 지나친 것은 부족함만 못하다고, 물질을 너무 가득 채우려고 안달하지 말라는 뜻이다. 이는 물질을 하나도 채우지 않으면 오히려 정신의 힘이 발현되기 때문에 그 무한한 정신을 쓰라는 뜻이기도 하다. 다시 말해서 만약 지나치게 물질에 집착하면 물질의 노예가 되어 정신을 잃게 되고, 그 결과 물질도 잃게 된다. 반면에 정신을 잃지 않고 정신을 개발하면, 비록 지금 물질이 없어도 필요에 따라서 언제든지 물질을 끌어다가 쓸 수 있다는 뜻인 것이다.

다음 장인 제10장의 아래 구절은 물질을 비울 뿐 아니라 각종 지식과 정보도 다 쓰고 나면 쌓아 두지 말고 아예 비우라고 한다:

> 주위의 모든 것을 통달했으면서도 무지하다고 여길 수 있겠는가?
>
> 명백사달 능무지호
> 明白四達 能無知乎?

부자들이 가득 모아놓은 물질 때문에 불안하고 걱정근심을 하는 것처럼, 똑똑한 지식인들은 머리에 빼곡히 들여놓은 온갖 지식과 정보 때문에 옴짝달싹 못하는 경우가 많다. 지식과 정보의 늪에 빠져서 허우적대는 것이다. 사실 모든 지식과 정보는 순간순간 바뀌고 변하기에 비록 방금 들은 따끈따끈한 정보도 금방 달라져 버릴 수 있다. 그 때문에 설사 이 세상과 우주의 원리를 환히 꿰뚫어 알았다고 해도 스스로 안다고 생각하지 않고 오히려 모른다고 생각해야 하는 것이다. 시간과 공간의 제약을 받는 유한한 지식에 집착하지 않는 이 모름의 태도야말로 진정한 앎으로 가는 길이다.

앎보다 모름이 중요한 까닭은 다음 제11장의 무無의 중요성으로 연결된다:

> 서른 개의 바퀴살이 하나의 빈 구멍을 공유한다. 아무것도 없는 빈 구멍이 있어야 수레 바퀴가 돌아가기 때문이다. 또 진흙을 이겨서 그릇을 빚을 때, 가운데 비어 있는 공간이 있어야 그릇으로 쓸 수 있다. 뿐만 아니라 창과 문을 뚫어서 방을 만들 때도 비어 있는 공간이 있어야 방으로 사용할 수 있다.
>
> 삼 십 폭 공 일 곡 당 기 무 유 거 지 용 선 식 이 위 기 당
> 三十輻共一轂當其無 有車之用. 埏埴以爲器 當
> 기 무 유 기 지 용 착 호 유 이 위 실 당 기 무 유 실 지 용
> 其無 有器之用. 鑿戶牖以爲室 當其無 有室之用.

모름이 앎보다 중요한 것과 마찬가지로 없음, 즉 비어있음이 있음보다 무궁무진한 쓸모가 있다는 뜻이다. 물론 수레바퀴의 한 가운데에 있는 빈 구멍뿐 아니라 바퀴살이 있어야 수레가 돌아가고 빈 공간뿐 아니라 그릇이 있어야 그릇에 밥이나 국을 담을 수 있다. 또 방 안의 빈 공간뿐 아니라 창과 문이 있어야 방을 들락거리며 잠도 자고 밥도 먹을 수 있다. 그 때문에 없음뿐 아니라 있음도 중요하다. 이에 관해서는 다음 챕터인 통째로 보기에서 자세히 설명할 것이다.

하지만 사람들이 보이는 물질과 형체에 집착하는 반면 보이

지 않는 정신과 형체 없음의 중요성을 무시하는 경향이 있기 때문에 노자는 이처럼 새삼스럽게 곳곳에서 무의 쓸모를 강조하고 있는 것이다.

없음, 즉 무의 중요성은 제13장에 이르러 다음과 같이 내 몸 없음의 단계까지 이어진다:

> 어째서 큰 환난을 내 몸처럼 귀하게 여기라고 하는가? 내가 큰 환난에 처한 까닭은 내게 몸이 있기 때문이다. 만약 내게 몸이 없다면 내게 무슨 환난이 있겠는가?
>
> 하위귀대환약신 오소이유대환자 위오유신
> 何謂貴大患若身? 吾所以有大患者 爲吾有身.
> 급오무신 오유하환
> 及吾無身 吾有何患?

내게 몸이 없다는 뜻은 보이는 내 몸이 없다는 뜻이 아니다. 내 몸 안의 수많은 세포와 조직이 순간순간 변하면서 바뀌기 때문에 내 몸은 많은 생명들의 집합소일 뿐, 따로 나만의 몸이 존재하지 않는다는 뜻이다. 또한 무수한 생명의 집합소인 몸 또한 고정됨이 없이 돌아가기 때문에 내 몸이라고 할 게 없다는 뜻이다. 이처럼 딱히 어느 순간 어느 모습의 형체를 내 몸이라고 끄집어 낼 수가 없기 때문에 내 몸은 없고, 내 몸이 없기 때문에 질병이나 고통 같은 내 몸의 환난도 없다는 것이다. 살아가면서 겪게 되는 질병이나 고통 또한 영원하지 않고 어느새 치유되거나 해결되니 말이다.

내 몸의 환난은 단지 내 몸의 질병이나 고통으로 인한 것뿐 아니라 내 가족과 이웃과 사회·국가 및 세계의 고통으로 인한 경우가 많다. 하지만 내 몸이라는 형체가 없듯, 가족이나 이웃 등 세상이라는 고정된 형체도 없는 것이다. 그 때문에 내 몸의 환난이 없으면 세상의 환난도 없게 된다.

그러므로 "큰 환난을 내 몸처럼 귀하게 여기라"는 위 본문은 내 몸이 있다고 생각하며 귀중히 여긴다면 내 몸으로 느끼는 모든 환난도 있다고 생각하며 중요하게 생각해야 한다는 의미이다. 그렇지만 앞서 말한 대로 나와 세상이라는 고정된 실체가 없으니 나의 환난도 세상의 환난도 다 없는 것이다. 남은 것은 오직 나와 세상이 이심전심으로 소통하는 마음인 도道뿐이다. 이처럼 도는 보이지 않고 들리지도 않고 붙잡을 수도 없지만 언제 어디서나 여실히 작용하여 우리를 환난에 처하게도 하고 해결하게도 한다.

이 같이 보이지 않는 도의 역설적 작용에 관하여 제14장은 다음과 같이 설명하고 있다:

보아도 보이지 않는 것을 평안이라 하고 들어도 들리지 않는 것을 희유라 하고 붙잡아도 잡을 수 없는 것을 미묘라고 한다. 이 세 가지는 하나하나 따질 수 없이 합해서 하나가 된다. 그 위는 밝지 않고, 그 아래는 어둡지 않으며, 계속 돌아가므로 이름을 붙일 수도 없다. 이처럼 없음으로 돌아가니 이를 형상 없는 형상, 동작 없는 동작, 즉 황홀이라 부른다. 앞에서 마중해도 머리가 보이지 않고, 뒤에서 쫓아가도 꼬리가 보이지 않는다.

시지불견명왈이 청지불문명왈희 박지불득명
視之不見名曰夷 聽之不聞名曰希 搏之不得名
왈미 차삼자불가치힐 고혼이위일 기상불교기
曰微. 此三者不可致詰 故混而爲一. 其上不皦其
하불매 승승불가명 복귀어무물 시위무상지상
下不昧 繩繩不可名. 復歸於無物 是謂無狀之狀
무상지상 시위황홀 영지불견기수 수지불견기
無象之象 是謂恍惚. 迎之不見其首 隨之不見其
후
後.

도는 이처럼 보아도 보이지 않고 들어도 들리지 않고 붙잡아도 잡을 수 없는 것이다. 도의 위는 하늘처럼 밝지도 않고 아래는 땅처럼 어둡지 않으며 시시각각으로 바뀌며 돌아가니 딱히 집어내어 뭐라고 이름 지을 수도 없다. 하지만 그것은 이름 없이도 끊임없이 때와 장소에 따라 두루 운행하니 형상 없는 형상이요 동작 없는 동작인 것이다. 어찌 희유하고 미묘하고 황홀하지 않을 수 있으랴? 매사를 엉뚱하게 뒤집는 모순과 역설의 세계는 이처럼 신묘하다. 또한 최상의 도는 앞도 뒤도 없고 머리도 꼬리도 없기에 사람들이 그 도의 존재를 알지 못한다. 하지만 언제 어디서나 필요에 따라 쓸 수 있는 것이 바로 도인 것이다.

신묘한 도의 역설은 제19장에서도 다음과 같이 계속된다:

> 신성을 끊고 지혜를 버리면 민중에게 백배로 이롭고, 인을 끊고 의를 버리면 민중이 효도와 자애로 돌아온다.
>
> 절성기지 민리백배, 절인기의 민복효자
> 絕聖棄智 民利百倍, 絕仁棄義 民復孝慈.

위 본문에 따르면 나라를 다스리는 지도자가 성스럽고 지혜로운 정책을 끊고 버려야 민중의 복리가 실현된다고 한다. 또한 인仁과 의義 같은 도리에 집착하지 않고 오히려 끊어버려야 민중이 비로소 부모에게 효도하고 형제자매간에 자애롭게 된다는 것이다. 정치나 종교 지도자가 신성한 사명을 내세우며 민중에게 강요하면 오히려 민중에게 해롭다는 말은 분명 지독한 역설이다. 또 지도자가 인이나 의의 공맹孔孟 사상을 강조하면 할수록 민중이 불효하고 사랑하지 않는다는 말도 궤변처럼 들릴지 모른다.

하지만 위 본문의 진의는 정치지도자가 인과 의를 내세우면서 자慈와 비悲 같은 다른 이름의 가치를 배척하면 오히려 인과 의가 넘치는 세상을 만들지 못한다는 점을 지적하고 있다. 이는 오늘날의 정치지도자가 자유민주주의를 내세우면서 공산사회주의를 과도하게 억압하기 때문에 실제로 민중은 자유와 민주주의를 누릴 수 없게 되는 것과 같은 이치이다. 이것이 바로 정치지도자가 이름과 명분에 집착하면 할수록 사실 그 이름과 명분에서 멀어질 수 있다는 뜻이다.

다음 장인 제20장에서는 학문에 관한 다음과 같은 역설로 시작된다:

> 배움을 끊으면 근심이 없다. '예'라는 대답과 '어'라는 대답이 서로 얼마나 다른가? 아름다움과 미움이 서로 얼마나 다른가?
>
> 절 학 무 우 유 지 여 아 상 거 기 하 미 지 여 오 상 거
> 絶學無憂. 唯之與阿 相去幾何? 美之與惡 相去
> 하 약
> 何若?

아는 것이 힘이라면서 우리는 매일 부지런히 지식을 축적하고 시비를 가린다. 하지만 위 본문에 따르면 긍정의 답변을 '예'로 하는 것과 '어'로 하는 것의 차이를 한껏 벌려놓고 이것이

맞고 저것은 틀리다하며 따지는 일이 바로 학문이라고 한다. 학문이란 기껏해야 이처럼 사소한 차이를 엄청나게 벌려놓고 편 가르기를 하는 것이니, 배움을 끊어버리면 오히려 걱정할 것 없이 편안하다는 뜻이다.

하지만 현실적으로 지식을 쌓고 변별력을 키우는 공부를 하지 않고 살아갈 수는 없다. 현대를 살아가면서 학교를 다니고 독서를 하고 시시비비를 가리지 않을 수 없기 때문이다. 다만 옳다고 배운 어떤 지식이나 정보가 언제나 변함없이 옳은 지식과 정보는 아니라는 사실을 알아야 한다. 사람의 모습이 바뀌듯 어떤 지식이나 정보도 끊임없이 바뀌기 때문에 항상 새롭게 해석할 수 있는 것이다. 또한 보기에는 엄청나게 서로 다른 것처럼 보이는 사물도 기본적으로는 서로 비슷할 수 있다는 것도 염두에 두어야 한다. 진정한 앎에 다다르기 위해서 모든 고정관념과 선입견에서 벗어나야 한다는 것은 이를 두고 하는 말이다.

위 본문은 또 아름다움과 미움, 즉 미추美醜의 차이도 사실은 미미하다고 한다. 하지만 외모지상주의 현대에 사는 많은 사람들은 예쁘고 밉고의 차이를 하늘과 땅의 차이쯤으로 받아들인다. 그러나 고운 얼굴은 조만간 미운 얼굴로 변하고, 미운 얼굴도 시간과 상황에 따라 곱게 바뀔 수 있다. 미녀도 관리를 안 하면 미워질 수 있고, 추녀도 성형수술과 의복, 및 장신구들을 이용해서 단번에 미녀로 변신할 수 있는 것이다. 도는 이처럼 변화무쌍하다. 이에 대해서는 다음 챕터인 끊임없이 변하기에서 더 자세히 설명하기로 한다.

이제 제22장에서 말하는 자연과 인간에 관한 또 다른 역설을 보자:

> 이지러지면 온전하게 되고 구부리면 펴지고 움푹 패이면 채워진다. 망치면 새로워지고 적으면 얻게 되고 많으면 흩어진다 …… 스스로 드러내지 않기에 드러나고, 스스로 옳다고 하지 않기에 밝혀진다. 스스로 정벌하지 않기 때문에 공이 있고, 스스로 자랑하지 않기 때문에 오래간다.
>
> 곡즉전 왕즉직 와즉영 폐즉신 소즉득 다즉혹
> 曲則全 枉則直 窪則盈. 敝則新 少則得 多則惑
> 불자현고명 불자시고창 불자벌고유공 불자
> …… 不自見故明 不自是故彰. 不自伐故有功 不自
> 긍고장
> 矜故長

사실 달도 기울면 차오르고 차오르면 기운다. 즉 초승달이 되었는가 하면 다시 보름달이 되고 보름달이 되면 다시 그믐달이 되고, 또 다시 보름달을 거쳐 초승달이 되는 것이다. 또한 밤이 가면 낮이 오고, 낮이 가면 밤이 온다. 사람도 기쁜가 하면 어느새 슬퍼지고, 슬픈가 하면 또 기뻐진다. 아픈가 하면 건강해지고, 건강한가 하면 또 아프게 된다. 학교에 입학하면 곧 졸업하고, 졸업하면 또 입학한다.

그러하니 위에서 말하고 있는 역설은 거짓이 아니고 오히려 진실이다. 우리가 사는 모습 그대로이다. 그렇게 볼 때 노자로 살아가는 맛을 우리는 이미 보고 있는 것이다. 그럼에도 불구하고 우리는 종합적이고 총체적인 진실을 외면한 채 애써 편을 가르고 구분을 해놓고, 이것을 좋아하고 저것을 싫어한다. 기쁨을 좋아하고 슬픔을 싫어하며, 삶을 좋아하고 죽음은 싫어하는 것이다.

하지만 우리의 신체와 일상의 생활에서 증명되는 역설의 진실은 제24장에도 다음과 같이 이어진다:

> 발꿈치를 들고는 (오래) 서 있지 못하고 큰 걸음을 떼면 (멀리) 가지 못한다. 스스로 드러내는 사람은 밝게 드러나지 못하고, 스스로 옳다고 여기는 사람은 표창을 받지 못한다. 스스로 정벌하는 사람은 공이 없고, 스스로 뽐내는 사람은 오래 가지 못한다. 이를 도의 견지에서 말한다면 먹다 남은 밥이나 군더더기 행위라고 한다.

기자불립 과자불행 자현자불명 자시자불창
企者不立 跨者不行. 自見者不明 自是者不彰.

자 벌 자 무 공 자 긍 자 불 장 기 재 도 야 왈 여 식 췌 행
自伐者無功 自矜者不長. 其在道也 曰餘食贅行.

우리의 신체 구조 상 발꿈치를 들고 잠시는 서 있을지 모르나 도저히 오래 서 있을 수는 없다. 또 걸을 때 보폭을 크게 내디디면 기껏해야 대여섯 걸음 정도 걸을 뿐 오래 걸어가지 못한다. 이처럼 자기가 빨리 잘하려는 욕심을 가지면 가질수록 오히려 뜻밖에 낭패를 보게 된다. 나를 내세우며 내가 한다고 덤비면 덤빌수록 사람들로부터 칭찬을 받기는커녕 마치 먹다 남은 찬밥 신세나 군더더기 인생이 될 뿐이다. 반대로 나를 내세우지 않고 천천히 은근하고 끈질기게 이어가는 사람이 결국 사람들의 칭찬을 받는다. 이것이 바로 드러내고 싶으면 오히려 숨고, 나아가고 싶으면 오히려 물러서라는 노자의 역설인 것이다.

노자의 역설은 제27장 첫머리에서도 다음과 같이 확인된다:

> 선한 행위는 흔적이 없고 선한 말은 흠이 없다. 선한 계산은 주판을 쓰지 않고 선한 잠금은 자물쇠로 잠그지 않아도 열리지 않는다. 선한 묶음은 끈으로 묶지 않아도 풀리지 않는 다.

선 행 무 철 적 선 언 무 하 적 선 수 불 용 주 책 선 폐 무
善行無轍迹 善言無瑕讁. 善數不用籌策 善閉無

관 건 이 불 가 개 선 결 무 승 약 이 불 가 해
關鍵而不可開. 善結無繩約而不可解.

노자가 말하고 있는 선한 행위는 선악을 뛰어넘는 선한 행위이다. 노자의 무위가 유위와 무위를 종합한 무위이듯이 말이다. 그 때문에 선악을 포괄하는 선한 행위는 했다는 흔적이 없고, 선악을 아우르는 선한 말은 흠 잡을 말이 없다. 어떤 찌꺼기도 남기지 않기 때문이다. 또한 선한 계산을 할 때는 주판이나 계산기 같은 도구가 필요 없고, 문을 선하게 잠그려면 자물쇠가 필요 없다. 또 선하게 묶으려면 끈이 필요 없다. 이처럼 함이 없이 일을 하고 한 말이 없이 말을 하고 셈하지 않고 셈하며 묶지 않고 묶는 것이 바로 하지 않으면서도 하는 노자의 무위無爲 행인 것이다.

다음 제29장은 세계적인 지도자가 되고자하는 정치적 야심을 가진 사람들에게 도인이 주는 역설의 조언이다:

세계를 차지하고 싶어서 도모하는 사람이 있는데 내가 보기엔 안 된다. 세계는 신묘한 그릇으로, 도모할 수도 없고 잡을 수도 없다. 도모하는 사람은 패할 것이고, 잡는 사람은 잃을 것이다.

장 욕 취 천 하 이 위 지 오 견 기 부 득 이 천 하 신 기 불
將欲取天下而爲之 吾見其不得已. 天下神器 不

가 위 야 불 가 집 야 위 자 패 지 집 자 실 지
可爲也 不可執也. 爲者敗之 執者失之.

위 본문에 따르면 이 세상을 장악해 보려고 애를 쓰면 쓸수록 안 된다. 세상은 마치 다루기 어려운 신묘한 그릇처럼 지배하려면 할수록 지배할 수 없고, 잡으려고 하면 할수록 잡을 수도 없다는 것이다. 그러하니 이 세상을 장악하고 지배하거나 붙잡으려들지 말고 오히려 그대로 풀어서 놓아두면 오히려 모두 내 품 안에 들어오게 된다. 이것이 바로 정치가가 가야 할 역설적 길이다.

제34장 중간쯤에서도 도의 역설은 계속된다:

> (도는) 만물을 먹이고 입히고도 주인 노릇을 하지 않고 늘 욕심이 없으니 작다고 말할 수 있다. 하지만 만물이 다 귀의하여도 주인 노릇을 하지 않으니 크다고 말할 수 있다. 끝까지 스스로 크다고 생각하지 않기 때문에 크게 이룰 수 있는 것이다.

의 양 만 물 이 불 위 주 상 무 욕 가 명 어 소 만 물 귀 언
衣養萬物而不爲主 常無欲 可名於小. 萬物歸焉
이 불 위 주 가 명 위 대 이 기 종 불 자 위 대 고 능 성 기
而不爲主 可名爲大. 以其終不自爲大 故能成其
대
大.

도는 삼라만상을 먹이고 입히는 주인이면서도 주인으로 나

서지 않기 때문에 작아 보인다. 하지만 만물이 모두 손을 들고 귀순해 오기 때문에 큰 것이 바로 도이다. 이처럼 스스로 작다고 여기는 자가 실은 큰 것이다. 작은 것이 크고, 큰 것은 작다. 어찌 보면 말장난 같기도 하다. 하지만 그 안에 진리가 숨어 있다.

노자의 역설은 제36장에서 다음과 같은 전략적 방편으로 제시되기도 한다:

> 접고 싶으면 반드시 먼저 펴야 한다. 약화시키려면 반드시 먼저 강화시켜야 한다. 망하게 하고 싶으면 반드시 먼저 흥하게 해야 한다. 뺏고 싶으면 반드시 먼저 주어야 한다.
>
> 장욕흡지 필고장지 장욕약지 필고강지 장욕
> 將欲歙之 必固張之. 將欲弱之 必固强之. 將欲
> 폐지 필고흥지 장욕탈지 필고여지
> 廢之 必固興之. 將欲奪之 必固與之.

팔꿈치를 접은 상태에서는 더 이상 접을 수 없으니 팔꿈치를 접고 싶다면 반드시 먼저 펴야 한다. 또 상대가 약한 상태에서는 더 이상 상대를 약화시킬 수 없다. 그 때문에 상대를 약화시키려면 먼저 상대를 강하게 만들어줘야 한다. 마찬가지로 이미 망한 사람을 망하게 할 수 없으므로 그 사람을 다시 망하게 하고 싶으면 먼저 흥하게 해주라는 것이다. 또한 이미 다 뺏겨서 아무 것도 없는 사람에게서 만약 다시 또 뺏고 싶다면 먼저 주라고 한다. 상대를 흥하게 하지 않은 채 계속 망하게 할 수는 없고, 주지도 않은 채 계속 뺏을 수는 없는 노릇이기 때문이다. 엉뚱하지만 아름다운 뒤집기 아닌가?

『노자』 제38장부터는 도道와 함께 덕德이 거론된다. 흔히 도를 실천한 결과가 덕으로 드러난다고 하는데, 이 덕 또한 도와 마찬가지로 역설의 도리이다. 덕에 관한 설명으로 들어가기 전에 먼저 『노자』를 「도경」과 「덕경」, 및 「상경」과 「하경」으로 분리해서 칭하게 된 배경을 간단히 소개한다.

일찍이 당唐나라 중종 때 세워진 비석에 『노자』 81장을 새겨 놓았는데, 비석의 앞면에 제1장부터 제37장까지 총 37장을 새기고 이를 「도경」이라 했다. 또 비석의 뒷면에 제38장부터 제81장까지 모두 44장을 새기고 이를 「덕경」이라 불렀다. 그래서 후세 사람들이 이 「도경」과 「덕경」을 합하여 『도덕경』이라 부르게 된 것이다.

또한 학자들은 도에 관한 내용이 주를 이루는 앞 37장을 『노자』 「상경上經」이라고 부르는 한편 덕에 관한 내용이 주를 이루는 뒤 44장을 『노자』 「하경下經」이라고 부르기도 한다. 하지만 하경에도 도가 거론되고 상경에도 덕이 거론되는 것을 볼 때, 상경은 도를 거론하는 도경이고, 하경은 덕을 거론하는 덕경이라는 이분법이 문자 그대로 적용되는 것은 아니라고 할 수 있다.

그럼 「하경」, 즉 「덕경」의 시작점인 『노자』 제38장에 나오는 덕에 관한 역설을 살펴보기로 한다:

> 상덕은 덕이 없기 때문에 덕이 있다. 하덕은 덕을 잃지 않으려 하기 때문에 덕이 없다. 상덕은 하지 않아도 하지 않음이 없고, 하덕은 해도 덕이 없다.
>
> 상덕부덕 시이유덕 하덕불실덕 시이무덕 상
> 上德不德 是以有德. 下德不失德 是以無德. 上
> 덕 무위이무불위 하덕 위지이유부덕
> 德 無爲而無不爲 下德 爲之而有不德.

덕이 없음이 진짜 덕이지, 덕이 있다고 하면서 그것을 잃지 않으려고 애쓴다면 그것은 진짜 덕이 아니라는 역설이다. 하지만 여기서 덕이 없다는 뜻은 문자 그대로 덕이 없는 게 아니라, 덕이 너무 많고 또 너무 빨리 바뀌며 돌아가기 때문에 "이것이 덕이다"라며 끄집어내어 보여줄 수 있는 덕이 없다는 뜻이다. 한마디로 덕도 도와 마찬가지로 고정되게 있지 않고 끊임없이 변화하는 것이다. 그 때문에 최상의 덕은 하지 않는 것 같이 보이지만 사실은 마치 비행기 프로펠러가 돌아가듯이 너무 많이 너무 빨리 하고 있는 덕을 일컫는 것이다.

제39장에 나오는 다음 구절도 같은 맥락에서 이해해야 한다:

> 지극한 영예는 영예가 없다.
>
> 지 예 무 예
> 至譽無譽

너무 크면 우리 눈에 보이지 않기 때문에 없는 것처럼 보이듯이, 영예가 너무 크면 우리가 느낄 수 없기 때문에 마치 없는 것처럼 느껴진다는 것이다. 이는 부모의 사랑이 너무 크기 때문에 자녀들이 그 사랑을 느끼지 못하는 것과 같다. 또 공기가 너무 많기 때문에 마치 없는 것처럼 여겨지는 것과도 같다.

한편 제41장은 「덕경」에 속해 있지만 다시 도에 관한 역설을 다음과 같이 강조하고 있다:

> 밝은 도는 어두운 것 같고, 도로 나아가면 도에서 물러나는 것 같다. 평탄한 도는 울퉁불퉁한 것 같고, 최고의 덕은 골짜기 같으며, 가장 밝은 흰색은 검은 색 같다. 또 넓은 덕은 부족한 듯하고,

건실한 덕은 구차한 듯하다. 또한 질박한 도는 어리석은 것 같다. 큰 네모에는 모서리가 없고, 큰 그릇은 늦게 완성된다. 큰 음성은 소리가 없고 큰 형상은 형체가 없으니, 도는 이름 없음으로 숨는 것이다.

明道若昧(명도약매) 進道若退(진도약퇴). 夷道若纇(이도약뢰) 上德若谷(상덕약곡) 大白若辱(대백약욕). 廣德若不足(광덕약부족) 健德若偷(건덕약투). 質道若渝(질도약유). 大方無隅(대방무우) 大器晩成(대기만성). 大音希聲(대음희성) 大象無形(대상무형) 道隱無名(도은무명).

사람들은 대체로 어두움보다 밝음을 좋아하고 앞으로 나아가는 것을 뒤로 물러서는 것보다 좋아한다. 또한 평탄한 도로를 좋아하지 울퉁불퉁한 길을 그다지 좋아하지 않는다. 사람들은 또 어둡고 축축한 골짜기보다 밝고 당당한 산을 좋아하고, 칙칙한 검은 색보다는 해맑은 흰색을 좋아한다. 또한 모자라고 구차하며 어리석은 사람보다 가득 차고 건실하며 똑똑한 사람을 선호한다.

하지만 도인은 그렇지 않다. 양쪽을 다 아우른다. 그래서 참으로 큰 네모는 네모를 이루는 네 개의 모서리가 보이지 않고, 진짜 큰 그릇은 당연히 오랜 시간이 걸려 늦게 만들어진다. 소리도 우리가 들을 수 있는 크기 이상으로 큰 소리라면 우리 귀에 들리지 않고 형체 또한 우리가 볼 수 없을 정도로 크면 우리 눈에 보이지 않는 것이다.

제1장에서도 언급했지만 사실 우리가 '도'라고 이름을 지어 놓으면 더 이상 도가 아니다. 또한 어떤 이름도 그 이름으로 불리기 시작하면 더 이상 그 이름이 아니다. 그 때문에 부처라고 말하면 부처가 아니고 진리라고 말하면 진리가 아니라고 하는 것이다. 이것이 바로 위 본문의 맨 마지막에 있는 "도란 이름 없음으로 숨는 것이다"의 진짜 의미이다.

이처럼 숨을수록 드러나고 어두울수록 밝아지는 도의 역설은 제43장에도 다음과 같이 계속된다:

> 세상에서 가장 유약한 것이 가장 견고한 것을 이긴다. 없음과 있음이 모두 다 없는 공간으로 들어가니 나는 이로써 하지 않음의 유익함을 안다. 하지만 말하지 않는 가르침과 하지 않음의 유익함에 도달한 사람은 매우 드물다.
>
> 천하지지유 치빙천하지지견 무유입무간 오시
> 天下之至柔 馳騁天下之至堅. 無有入無間 吾是
> 이지무위지유익 불언지교 무위지익 천하희급
> 以知無爲之有益. 不言之教 無爲之益 天下希及
> 지
> 之.

이 구절은 노자의 무위無爲가 그저 아무것도 하지 않음이 아니라 함과 하지 않음이 다 함께 돌아가는 무한한 생산처임을 분명히 밝히고 있다. 그러니까 노자의 무위는 어떤 것도 하지 않는 것처럼 보이지만 실제로는 유와 무를 통합하며 끊임없이 생산하는 발전소 같은 곳이다. 그 때문에 무위는 모든 만물만생에게 유익할 수밖에 없다.

무위지사無爲之事가 일을 전혀 하지 않는 듯하지만 실제로는 다 하는 것이라면, 불언지교不言之敎는 아무것도 가르치지 않는 듯하면서도 다 가르치는 것이다. 말이 아니라 마음으로 상대의 마음과 소통하는 가르침이기 때문이다. 하지만 무위의 유익함뿐 아니라 말하지 않는 가르침의 유익함을 알고 행할 수 있는 사람은 극소수일 뿐이다.

그래서 제44장의 다음 내용을 이론으로 이해하는 데 그치지 않고 실천하는 사람은 매우 드물다고 할 수 있다:

> (재물을) 많이 쌓아놓으면 반드시 크게 잃게 된다.
>
> 다 장 필 후 망
> 多藏必厚亡.

돈이나 물건을 금고나 창고에 가득 쌓아놓지 않고, 때맞춰 필요한 사람들에게 나누는 사람들은 잃을 게 없지만, 그렇지 않고 많이 쌓아만 놓으면 잃을 게 많다. 하지만 오늘날에도 많은 사람들은 이 역설의 진리를 진심으로 받아들이지 못하고, 돈은 무조건 많이 벌어서 쌓아놓으면 놓을수록 좋다고 생각한다. 많이 버는 데 급급하지 번 돈을 어떻게 잘 쓰는지에 대해서는 따로 곰곰 생각하지 않는 것이다. 하지만 먹기만 하고 배설하지 않으면 건강할 수 없듯이 돈을 많이 벌고 안 쓰는 생활은 병든 삶이다.

제45장에서도 일상생활에서의 역설이 계속 이어진다:

> 크게 완성된 것은 결핍된 것 같으나 그 쓰임은 닳아 없어지지 않는다. 가득 차 있는 것은 텅 빈 것 같으나 그 쓸모는 무궁하다. 크게 곧은 것은 구부러진 듯하고 크게 정교한 것은 치졸한 듯하며, 훌륭한 웅변은 말더듬이처럼 어눌하다.
>
> 대성약결 기용불폐 대영약충 기용불궁 대직
> 大成若缺 其用不敝. 大盈若沖 其用不窮. 大直
> 약굴 대교약졸 대변약눌
> 若屈 大巧若拙 大辯若訥.

참으로 크게 완성된 모습은 보통 사람의 눈으로는 다 볼 수가 없다. 그 때문에 어딘가 모자라는 듯이 보이는 것이다. 마치 개미가 코끼리의 전체 모습을 다 보지 못한 채, 코끼리의 발만 보고 어딘가 모자라다고 느끼는 것과 마찬가지다. 사람들이 온 우주에 가득 차 있는 생명 에너지를 보지 못하고 다만 텅 빈 공간으로 보는 것도 마찬가지이다. 그 때문에 우리의 눈에는 뭔가가 결핍된 듯하고 비어 있는 듯하고 삐뚤어진 것 같고 치졸한 것 속에 무궁무진한 쓸모와 정교함과 위대함이 깃들어 있다는 이 역설은 두고두고 곱씹어볼 만하다.

노자에 따르면 이 같은 역설의 도를 생활화한 사람이 다름 아닌 도인이다. 제47장은 그 도인의 생활을 다음과 같이 묘사하고 있다:

> 문을 나서지 않아도 세상을 알고, 창문으로 올려다보지 않아도 하늘의 도를 안다. 나가는 곳이 먼 사람일수록 아는 것은 더욱 적다. 그러므로 성인은 가지 않아도 알고 보지 않아도 이름을 알고 하지 않아도 이룬다.
>
> 불출호 지천하 불규유견천도 기출미원 기지
> 不出戶 知天下 不闚牖見天道. 其出彌遠 其知
> 미소 시이성인불행이지 불견이명 불위이성
> 彌少. 是以聖人不行而知 不見而名 不爲而成.

원래 성인, 즉 도인은 아무도 없이 혼자 방안에 있어도 자기 몸 안의 수많은 생명들과 일일이 소통한다. 이처럼 도인은 제 몸 안의 생명들을 보살피고 구할 수 있기 때문에 가만히 앉아서 아무 일도 하지 않는 듯하지만, 끊임없이 자기 몸 밖의 다른 모든 생명들과 교감하며 모든 생명을 구할 수 있다. 몸 안의 수십억 생명들이 털구멍을 통하여 끊임없이 드나들며 몸 밖의 셀 수 없는 생명들과 소통하고 연대하고 있기 때문이다. 이처럼 도인은 가만히 앉아서도 이 세상뿐 아니라 우주의 모든 생명과도 소통할 수 있기 때문에 직접 가서 보고 행하지 않고 방에 앉아서도 모든 것을 성취하는 것이다.

하지만 이 같은 경지에 누구나 쉽게 도달할 수 있는 것은 아니다. 그 때문에 앞 장에서도 "하지 않음의 유익함에 도달한 사람은 매우 드물다"고 했던 것이다. 그렇기는 하지만 어찌 생각하면 그리 어려운 일만은 아니다. 돈도 지위도 권력도 필요하지 않고 오직 발상의 대전환, 즉 마음을 돌려 훌쩍 뛰어넘기만 하면 가능하기 때문이다.

만물의 영장인 인간으로서 자기 마음 속 깊은 곳에 내재되어 있는 도심道心을 의심하지 않는다면 누구나 가능한 일이다. 즉 언제 어디서나 깊고 간절한 믿음을 가지고 불끈 생각을 뒤집을 수 있다면 바로 도인의 길을 가게 되는 것이다. 이것이 바로 우화나 동화에서 보는 엉뚱한 상상의 세계를 실현하는 지름길이다.

제50장에는 엉뚱하게 뒤집어서 발상의 대전환을 실현하는

도인의 삶에 관하여 다음과 같이 묘술하고 있다:

> 내가 듣자하니 양생을 잘 하는 사람은 육지를 가도 외뿔소나 호랑이를 만나지 않고 싸움터에 가도 병기의 해를 입지 않는다. 외뿔소도 그를 뿔로 받는 일이 없고 호랑이도 그를 발톱으로 할퀴지 않으며 병기도 그를 칼날로 해칠 곳이 없기 때문이다. 왜 그런가? 죽을 곳이 없는 까닭이다.
>
> 개 문 선 섭 생 자 육 행 불 우 시 호 입 군 불 피 갑 병
> 蓋聞善攝生者 陸行不遇兕虎 入軍不被甲兵.
> 시 무 소 투 기 각 호 무 소 조 기 조 병 무 소 용 기 인 부
> 兕無所投其角 虎無所措其爪 兵無所容其刃. 夫
> 하 고 이 기 무 사 지
> 何故? 以其無死地.

노자는 삶과 죽음에 매이지 않는 도인을 위와 같이 표현했다. 만약 우리가 삶과 죽음을 그저 존재의 두 가지 방식쯤으로 생각하며 삶에 집착하지 않으면 오히려 죽지 않는다는 역설인 것이다. 따지고 보면 삶은 모습을 가진 운동에너지이고, 죽음은 모습이 없는 위치에너지일 뿐이다. 이처럼 생과 사를 평등하게 본다면 살 곳도 없고 죽을 곳도 없다. 그 때문에 모든 것을 비우고 죽으려 하면 오히려 살고, 살려고 발버둥 치면 오히려 죽게 된다고 하는 것이다. 이것이 바로 노자가 말하는 역설의 맛이다.

제63장은 하루하루 순간순간 살아가면서 누구나 맛볼 수 있는 역설의 도리를 다음과 같이 말하고 있다:

> 하지 않음으로 하고 일하지 않고 일하며 맛없는 맛을 보아라. 큰 것은 작은 것에서 생기고 많은 것은 적은 것에서 일어난다. 원한은 덕으로 갚고 어려운 것은 쉬운 것으로 풀고 큰 일은 사소한 일에서부터 한다. 세상의 어려운 일은 반드시 쉬운 일에서 시작되고 세상의 큰 일은 반드시 사소한 일에서 시작된다. 그 때문에 성인은 끝까지 크게 되려고 하지 않기에 크게 될 수 있는 것이다. 대개 가볍게 승낙하면 반드시 믿음성이 적고, 매우 쉬운 일은 반드시 매우 어렵다. 그래서 성인은 언제나 어려운 듯 여기기 때문에 끝까지 어려운 일이 없는 것이다.

> 위무위 사무사 미무미 대생어소 다기어소 보
> 爲無爲 事無事 味無味. 大生於小 多起於少. 報
> 원이덕 도난어이 위대어기세 천하난사필작어
> 怨以德 圖難於易 爲大於其細. 天下難事必作於
> 이 천하대사 필작어세 시이성인 종불위대 고능
> 易 天下大事 必作於細. 是以聖人 終不爲大 故能
> 성기대 부경낙필과신 다이필다난 시이성인유
> 成其大. 夫輕諾必寡信 多易必多難. 是以聖人猶
> 난지 고종무난의
> 難之 故終無難矣.

천리 길도 한걸음부터 시작되고 큰일은 작은 일에서 시작된다는 말을 모르는 사람은 없다. 하지만 실제로 큰일을 당했을 때는 할 수 있는 작은 일부터 풀려고 하는 대신 당황하고 절망하는 사람들이 많다. 반대로 대수롭지 않은 일이 닥쳤을 때 이를 신중히 생각하고 조심조심 행동하기보다 쉽게 빨리 해치워 버리는 사람들이 많다. 이는 큰 것은 작은 것이고 어려운 일은 쉬운 일이라는 역설의 맛을 모르기 때문이다.

또한 하지 않으면서 하고 일하지 않고 일하며, 맛이 없는 맛을 보는 것이 진리임을 모르기 때문이다. 그래서 도인은 언제나 머뭇거리는 듯 조심하면서 고개를 숙인다. 또 늘 아래를 바라보며 작은 일에 신경을 쓰고, 언제나 앞에 나서지 않고 뒤로 물러선다.

제66장은 바로 이 같은 도인의 삶을 묘사하고 있다:

> 강과 바다가 많은 골짜기의 왕이 되는 까닭은 강과 바다가 아래를 좋아하기 때문에 많은 골짜기의 왕이 될 수 있는 것이다. 그래서 민중의 위에 오르고 싶은 사람은 반드시 민중의 아래에 있겠다고 해야 한다. 또한 민중의 앞에 있고 싶은 사람은 반드시 민중의 뒤에 있어야 한다.
>
> 강해소이능위백곡왕자 이기선하지 고능위백곡
> 江海所以能爲百谷王者 以其善下之 故能爲百谷
> 왕 시이욕상민 필이언하지 욕선민 필이신후지
> 王. 是以欲上民 必以言下之. 欲先民 必以身後之.

높은 산에서 발원한 물은 골짜기를 흘러내려오며 온갖 깨끗하고 더러운 것들을 다 섞어서 강을 이루고, 그 강 또한 그렇게 흐르고 흘러 마지막으로 낮고 광활한 바다로 들어간다. 이처럼 윗자리에 오르고 싶은 사람은 아래로 내려가고, 앞에 나서고 싶은 사람은 뒤로 비켜서야 한다.

마찬가지로 바다와 같은 사람은 늘 위가 아닌 아래로 내려가고 앞에 나서는 대신 뒤에 선다. 그 때문에 도리어 민중에 의해 윗자리로 올라가게 되고 민중의 앞에 세워져 지도자로 추앙되는 것이다. 부모가 자식보다 윗자리라고 하지만 사실 대부분의 부모는 늘 자식의 아래에서 먹이고 입히는 등 보살펴주지 않는가? 그런 까닭에 자식은 부모님에게 효도를 하게 되는 것이다.

다음 장인 제67장에서 노자는 자신이 추구하는 도가 얼마나 역설적인 것인지 다시 한 번 이렇게 강조하고 있다:

> 세상은 모두 나의 도가 크지만 어리석은 것 같다고 말한다. 하지만 크기 때문에 어리석은 것 같이 보이는 것이다. 만약 완전하고 크다면 그것은 작은 것이다.
>
> 천하개위아도대사불초 부유대 고사불초 약초
> 天下皆謂我道大似不肖. 夫唯大 故似不肖. 若肖
> 대의 기세야부
> 大矣 其細也夫.

노자가 살았던 당시에도 사람들은 노자의 도를 큰 것 같긴 하지만 어딘가 못나 보이고 믿음직하지 않다고 여겼나 보다. 하지만 노자는 잘나고 완벽하게 보이는 것이 오히려 하찮은 것이고, 별 것 아니게 보이는 것이 참으로 큰 것이라는 역설로 반론하고 있다.

노자의 역설적 뒤집기는 인간관계 속에서도 그대로 적용된다. 제68장은 사회생활 속에서 다툼이나 싸움에서 승리하는 법을 다음과 같이 제시하고 있다:

> 훌륭한 무사는 무력을 쓰지 않는다. 잘 싸우는 사람은 화를 내지 않고, 적을 잘 이기는 사람은 적과 다투지 않는다. 사람을 잘 쓰는 사람은 그 사람의 아래에 선다.
>
> 선위사자불무 선전자불노 선승적자불여 선
> 善爲士者不武. 善戰者不怒. 善勝敵者不與. 善
> 용인자 위지하
> 用人者 爲之下.

진짜 승리자는 무력을 사용하지 않고 이기고, 성을 내지 않고 이기며 다투지 않고 이기는 사람이다. 그 때문에 상대는 비록 패배했지만 졌다고 생각하지 않고 흔쾌히 상대에게 굴복할 수 있는 것이다. 또 참으로 사람을 잘 쓰는 사람은 언제나 자신이 쓰고자 하는 사람의 밑으로 내려간다. 그 때문에 상대는 자기가 쓰임을 당하고 있다고 생각하지 않고 기꺼이 요구받은 일을 한다. 그야말로 양쪽이 다 만족스런 관계가 맺어지는 것이다. 왜냐하면 도인은 언제나 상대 앞에서 자신의 무지함을 드러내고 자기를 귀하게 여기지 않고 상대를 귀하게 여기기 때문이다.

제72장은 바로 그와 같은 내용이다:

> 성인은 스스로 알지만 안다는 사실을 드러내지 않고, 자기를 사랑하지만 자기를 귀하게 여기지 않는다.
>
> 시 이 성 인 자 지 불 자 현 자 애 불 자 귀
> 是以聖人自知不自見 自愛不自貴.

도인이 자기보다 상대를 귀하게 여긴다는 말은 자기를 사랑하지 않아서가 아니다. 오히려 상대와 하나로 소통되는 진짜 자기를 사랑하기 때문에 도인은 상대를 나보다 귀하게 생각하는 것처럼 보인다. 또한 도인은 비록 벌어지는 상황을 알고 있지만 상대 앞에서는 짐짓 모른 척 함으로써 상대의 무지無知를 함께 나눈다. 그렇게 할 때 지는 듯 보이지만 이기게 된다는 게 노자의 역설이다. 이 같은 승리는 언어가 필요 없는 승리이다.

오직 상대와 내가 하나라는 진정한 한마음만 있으면 된다.

다음 장인 제73장은 바로 그러한 이심전심以心傳心의 비법을 다음과 같이 하늘의 도로 설명하고 있다:

> 하늘의 도는 싸우지 않고도 잘 이기고, 말하지 않고도 잘 응한다. 또 부르지 않아도 스스로 오고 가만히 있어도 잘 돌아간다. 하늘의 법망은 드넓고 성글지만 새지 않는다.
>
> 천지도 불쟁이선승 불언이선응 불소이자래
> 天之道 不爭而善勝 不言而善應. 不召而自來
> 묵연이선모 천망회회 소이불실
> 默然而善謀. 天網恢恢 疏而不失.

언어와 행위가 없이 가만히 있어도 잘 돌아가는 도道는 덕德이기도 하고 법法이기도 하다. 그 때문에 위 본문에서 "하늘의 법망은 드넓고 성글지만 새지 않는다."고 한 것이다. 비록 사람들이 볼 때는 가만히 앉아서 아무런 말도 행위도 하지 않는 듯하지만, 도인은 가만히 앉아서도 보이지 않는 마음의 눈으로 세상 모든 일을 본다.

또한 가만히 앉아서 들리지 않는 마음의 귀로 구석구석 아니 듣는 게 없이 듣는다. 이렇게 모든 상황을 꿰뚫어 알기 때문에, 아무리 먼 곳이라 하더라도 보이지 않는 마음의 발로 가서 아무도 모르게 문제를 해결할 수 있는 것이다. 하지만 앞에서도 언급했듯 이 같은 도를 일상의 생활 속에서 실천을 할 수 있는 사람은 그리 많지 않다.

제78장의 다음 구절도 도의 실천이 그리 쉽지 않음을 이렇게 토로하고 있다:

> 약한 것이 강한 것을 이기고 부드러운 것이 딱딱한 것을 이김을 세상에 모르는 사람은 없다. 하지만 이를 실행하는 사람은 없다.
>
> 약 지 승 강 유 지 승 강 천 하 막 불 지 막 능 행
> 弱之勝强 柔之勝剛 天下莫不知. 莫能行.

실행하는 사람이 없다는 말은 도를 실행하는 사람이 아예 없는 것이 아니다. 만약 오래전부터 지금까지 한 사람도 실행하지 못했고 앞으로도 실행할 사람이 없다고 단정한다면 노자의 말에 귀를 기울일 필요조차 없을 것이다. 그 때문에 위 본문에서 없다고 말한 것을 곧이곧대로 받아들이기보다는 경고와 강조의 의미로 새겨들어야 한다.

실제로 역대의 많은 도사道士와 고승高僧은 도를 실천했다. 노자와 장자가 실천했고 석가와 달마대사가 실천했다. 또한 백제의 현광스님과 의각스님, 신라의 원효대사, 조선의 서산대

사와 사명대사, 근대의 경허스님도 그러했다. 지금 이 순간에도 우리가 모르는 곳에서 적지 않은 도사道士들이 도를 실천하고 있을 것이다.

요컨대, 궤변처럼 보이는 역설은 노자 전편에서 많이 발견되는 첫 번째 특성이다. 물론 모든 역설을 말장난으로 아는 사람들에게 있어서 『노자』는 실현 불가능한 언어의 유희로 보일 수 있다. 하지만 천진한 어린아이처럼 엉뚱하고 끊임없는 뒤집기로 이어지는 노자 식 역설은 어디까지나 실천이지 이론이 아니다. 노자 사상은 세상에서 실현 불가능한 형이상학적 철학이 아니라 일상생활 속에서 순간순간마다 맛을 볼 수 있는 진리의 샘물인 것이다.

그럼에도 불구하고 일상생활에서 노자로 살아가는 맛을 보는 사람들은 그리 많지 않다. 왜일까? 이는 많은 사람들이 모든 사물을 통째로 보지 않고 가르고 쪼개며, 변화를 받아들이지 않고 고정관념과 편견에 사로잡혀 있기 때문이 아닐까? 또한 때를 기다리며 자연스럽게 놓아두지 않고 성급하게 억지로 강요하기 때문 아닐까?

사람들은 늘 통째로 보지 않고 이것과 저것을 나누어 편을 가르고, 끊임없는 변화를 받아들이는 대신 고정적인 선입견을 갖는다. 또한 각자의 상황에 맞게 자연스럽게 일을 풀어나가도록 하지 않고 상대에게 강요하기를 좋아하는 듯하다. 왜 그러는 걸까?

이에 관해서는 천천히 답을 찾기로 하고 이제 제81장에 담긴 다음 구절로 엉뚱한 뒤집기를 마무리하기로 한다:

> 미더운 말은 아름답지 않고 아름다운 말은 미덥지 않다. 선한 이는 말을 많이 늘어놓지 않고 말을 늘어놓는 이는 선하지 않다. 아는 사람은 박식하지 않고 박식한 사람은 알지 못 한다. 성인은 아무것도 쌓아두지 않는다. 남을 위하기 때문에 자기에게 있는 것이 더욱 많고, 남에게 주기 때문에 자기에게 있는 것이 더욱 많다.
>
> 신언불미 미언불신 선자불변 변자불선 지자
> 信言不美 美言不信. 善者不辯 辯者不善. 知者
> 불박 박자부지 성인불적 기이위인 기유유 기
> 不博 博者不知. 聖人不積. 旣以爲人 己愈有, 旣
> 이여인 기유다
> 以與人 己愈多.

미더운 말이 아름답지 않다는 것은 믿음직하고 진실한 말에는 수식어가 많이 붙지 않아서 수수하고 투박하기 때문에 눈에 띠지 않는다는 뜻이다. 공자가 아름다운 말과 예쁜 얼굴에 인仁이 드물다고 한 것도 같은 맥락이다. 어떤 사람이 아름답게 말하고 예쁜 표정을 짓는 것은 그가 상대에게 무엇인가 바라는 바가 있기 때문에 아름다운 말을 하고 예쁜 표정을 짓는다는 것이다. 물론 꼭 그렇지는 않기 때문에 교언영색巧言令色에 인이 없다고 하지 않고 드물다고 한 것이다.

사실 진실하고 믿음직한 사람은 이말 저말 장황하고 길게 하지 않는다. 반면에 말을 많이 하는 사람은 실제로 그렇게 행동하지 않는 경우가 많다. 탁상공론을 즐기는 사람 치고 자기가 말한 이론대로 실천하는 사람들은 거의 없다. 그래서 공자는 인을 실천하는 군자君子는 말은 어눌하게 더듬지만 행동은 민첩하게 한다고 말한 것이다.

뿐만 아니라 세상이 돌아가는 근본 이치를 진짜로 알고 있는 사람은 자질구레하고 잡다한 온갖 지식이 그리 많지 않다. 한마디로 박식하지 않다고 할 수 있다. 가운데 중심이 꽉 잡혀 있기 때문에 주위에서 뱅뱅 돌아가는 자잘한 것들에 구애받지 않는 것이다.

반면에 박학다식한 사람은 알고 있는 지식이나 정보는 많은데, 그것들이 근본에서 어떻게 돌아가는지를 모른다. 그런 사람들은 수많은 지식과 정보의 바다를 떠다니고 있을 뿐 중심을 세우지 못했기 때문이다. 많은 젊은이들이 인터넷을 통해 엄청난 지식과 정보 서비스를 제공받고 있으나 그것들이 도대체 어떤 의미가 있는지 알지 못한 채 지식과 정보를 받아들이고 보내고 또 받아들이고 보내고 하는 것과 같다.

하지만 에너지의 근본을 마음 한가운데 지니고 중용中庸할 줄 아는 사람이라면 누구나 일상생활 속에서 엉뚱한 뒤집기를 실천할 수 있고, 그런 사람이라면 누구라도 노자로 살아가는 맛을 볼 수 있다. 오직 마음만 다져먹으면 지위나 학력의 높고 낮음, 돈이 있고 없음, 또는 남녀노소를 막론하고 누구나 노자로 살아갈 수 있는 것이다.

통째로 보기

노자로 살아가는 맛을 보기 위한 첫 번째 코드가 역설, 즉 뒤집어 보기라면 두 번째 코드는 서로 다르다고 굳게 믿는 반의어들을 평등하게 아우르는 통째로 보기이다. 통째로 보기란 가르고 쪼개고 나누는 분석적 보기가 아니라, 합하고 뭉치고 모으는 종합적 보기를 말한다. 있음과 없음, 정신과 물질, 빛과 그림자, 성공과 실패, 잘 되는 것과 안 되는 것, 심지어 삶과 죽음까지도 따로따로 보지 않고 통째로 인식하는 것. 이것이 바로 노자 식 통째로 보기이다. 어차피 밤과 낮, 선과 악, 미와 추, 멀고 가까움은 차례로 돌아가고 있지 않은가?

그럼에도 불구하고 오늘날 많은 사람들은 옳고 그름을 가리고 아름답고 추함을 따지고 많고 적음과 크고 작음을 분별하기를 좋아한다. 물론 현실 생활을 하면서 시비와 미추, 대소와 다소를 가리지 않을 수는 없다. 하다못해 과일을 생산해도 크고 작은 것들을 가려서 큰 것은 큰 것대로, 작은 것은 작은 것대로 따로 추려서 시장에 내놓아야 하기 때문이다. 마찬가지로 학교에서는 공부를 잘하는 학생과 못하는 사람을 구분하여 한쪽은 칭찬하고 다른 한쪽은 야단을 맞게 되어 있다. 또 이왕이면 다홍치마라고 외모가 뛰어난 사람이 못생긴 사람보다 사랑을 받고 돈 많은 사람이 돈 없는 사람보다 대우를 받는다.

하지만 그림자 없이 빛이 있는가? 열등생 없이 우등생이 있는가? 못난 사람이 없다면 잘난 사람이 있을 수 있는가? 아픈 사람이 없다면 건강한 사람이 있는가? 주위를 돌아다보면 이처럼 서로 정 반대인 것들이 사실은 피차 의존적인 관계에 있음을 알 수 있다. 그 때문에 설사 현실 생활 속에서 어쩔 수 없이 시비와 호오, 또는 미추 등을 분별하더라도, 마음 깊은 곳에서는 분별을 놓고 통합적으로 아우르지 않으면 안 된다.

그럼 먼저 『노자』 제1장의 통째로 보기를 살펴보자:

> 이름 없음은 천지의 비롯됨이요, 이름 있음은 만물의 어머니이

다. 그 때문에 없음으로 미묘한 본체를 보고, 있음으로 드러나는 현상을 본다. 이 둘은 같은 데서 나와 이름은 다르지만 똑같이 현묘라고 부른다.

> 무명 천지지시 유명 만물지모 고상무욕이관
> 無名 天地之始, 有名 萬物之母. 故常無欲以觀
> 기묘 상유욕이관기요 차양자동출이이명 동위
> 其妙 常有欲以觀其徼. 此兩者同出而異名, 同謂
> 지현
> 之玄.

위 본문에 따르면 이름 있음과 이름 없음은 분명 정 반대의 뜻이지만 같은 데서 나왔다고 한다. 우리 눈에 보이지 않는 없음은 비록 형상을 가늠할 수는 없지만 이것이 바로 본체요, 눈에 보이는 있음은 우리 눈앞에서 파노라마처럼 펼쳐지는 온갖 현상이지만, 조만간 그 형상을 잃고 본체로 돌아간다. 그렇기 때문에 있음과 없음은 둘이 아니라 하나인 것이다. 없음이 정신계라면 있음은 물질계이고, 없음이 백지라면 있음은 백지 위에 쓰인 검은 글자이다. 정신이 없는 물질은 없으며 백지 없이는 글자도 없다. 이것들은 동전의 양면처럼 언제나 통째로 돌아가는 것이다. 이는 어려움과 쉬움, 길고 짧음, 높고 낮음, 모음과 자음, 앞과 뒤가 통째로 돌아가는 것과 똑같다.

제2장의 다음 구절이 바로 그에 관한 내용이다:

그러므로 있음과 없음이 서로 살리고 어려움과 쉬움이 서로를 만들고 길고 짧음이 서로를 나타내고 높고 낮음이 서로 기대고 모음과 자음이 서로 화합하고 앞과 뒤가 서로 따른다.

고유무상생 난이상성 장단상형 고하상경 음성
故有無相生 難易相成 長短相形 高下相傾 音聲
상화 전후상수
相和 前後相隨.

어려운 일이 있어야 쉬운 일이 있고 키 작은 사람이 있어야 키 큰 사람이 있다. 만약 낮은 게 없다면 어찌 높은 게 있음을 알 수 있으며 모음만 있고 자음이 없다면 어찌 언어생활을 할 수 있겠는가? 마찬가지로 꼴찌 없는 일등은 상상할 수도 없는 일이다. 조금 더 나아간다면 밤이 없이 낮이 있으며 못생긴 사람이 없이 잘생긴 사람이 있을까? 그 때문에 선과 악, 생과 사도 따로 보지 말고 통째로 보라는 것이다.

제13장은 심지어 총애를 받는 것과 굴욕을 받는 것까지도 따로 보지 말고 통째로 보라고 한다:

총애와 굴욕을 받을 때 똑 같이 놀라는 듯하라 …… 어찌하여 총애를 받을 때와 굴욕을 받을 때 놀라는 듯하라고 하는가? 총애는 상이고 굴욕은 하이지만, 얻어도 놀라는 것 같이 하고 잃어도 놀라는 것 같이 해야 한다.

총욕약경 하위총욕약경 총위상 욕위하
寵辱若驚 …… 何謂寵辱若驚? 寵爲上 辱爲下
득지약경 실지약경
得之若驚 失之若驚.

총애와 굴욕은 물론 정반대의 의미로, 총애는 상을 받는 것이라면 굴욕은 벌을 받는 것이다. 하지만 통째로 보는 관점에서 본다면 총애와 굴욕은 동전의 양면과 같이 총애를 받으면 곧 굴욕을 받을 일이 생기고, 굴욕을 받으면 머지않아 총애를 받을 일이 생긴다. 그런 의미에서 총애와 굴욕은 평등하게 돌아간다. 그 때문에 어느 것을 받거나 잃어도 똑같이 놀라는 듯하라는 것이다. 이처럼 노자의 도는 나누거나 가르지 않은 원통이다. 그 때문에 통째로 보는 도의 관점에서 볼 때 과거와 현재, 그리고 미래까지도 통째로 돌아간다.

제14장은 과거와 현재가 통째로 돌아가는 도리를 다음과 같이 묘술하고 있다:

도는 옛날의 법도를 가지고 오늘을 다스리는 도리이다.

집고지도 이어금지유
執古之道 以御今之有.

온고지신溫故知新이라는 말도 있듯, 진실한 법이라면 고대와 현대를 가리지 않고 그대로 적용된다. 비록 2천 여 년 전에 태어나 살았던 공자와 노자, 예수와 석가의 법이지만 오늘도 그 핵심은 여전히 통용되지 않는가? 마찬가지로 과거 성인聖人들의 법은 현재뿐 아니라 미래에도 똑같이 통용될 것이다.

물론 과거의 법도를 문자 그대로 현재에 적용할 수는 없다. 예를 들어 오계五戒나 십계명十誡命을 보면 살생하지 마라, 거짓말하지 마라, 도둑질하지 마라 등의 조항이 있다. 허나 실제로 먹고 살기 위해서 동식물을 죽이고, 전쟁터에 나간 군인이 명령에 따라 적군에게 총부리를 댈 수밖에 없다. 또 필요에 따라 선의의 거짓말도 할 수 있고, 어쩔 수 없이 남의 물건을 가져올 수도 있는 것이다.

그래서 오계와 십계명을 현대에 맞게 문구를 바꿔 성인들의 근본 뜻은 살리되 표현을 조금 다르게 하는 묘책이 필요한 것이다. 이를테면 “살생하지 마라”를 “설사 생명을 죽일 수밖에 없더라도 모든 생명을 내 몸처럼 소중히 여겨서 함부로 다루지 마라”고 바꾸는 것이다. 하늘 아래 새로운 것은 없다는 말이 있는 것처럼 핵심적인 진리는 이처럼 예나 지금이나 그대로 통한다. 다만 서로 다른 시대적인 상황과 문화, 및 언어의 차이를 감안해서 융통성 있게 아우르는 지혜가 절실히 요구될 뿐이다.

다음 장인 제15장에서는 통째로서의 도를 "박樸"과 "혼탁混濁"으로 비유하고 있다. 박은 쪼개서 가공하기 이전의 원목으로, 겉으로 보면 투박하고 거친 통나무에 불과하다. 그렇지만 이 박은 집도 짓고 가구도 만드는 등 필요에 따라 어느 것으로도 쓰일 수 있는, 무한한 용도를 지닌 원재료이다.

또한 혼탁은 진흙탕처럼 흐릿하고 탁한 액체 상태를 표현한 말로, 해맑고 투명한 물과 더럽고 탁한 건더기가 합쳐진 것이다. 이처럼 혼탁은 그 안에 깨끗한 물과 지저분한 흙이 함께 돌아가기 때문에 깨끗한 것도 더러운 것도 다 받아들이는 유기적 통합체이기도 한 것이다. 우리 몸의 혈관을 들여다보면 그 안에 깨끗한 피도 있지만 더러운 피도 있다. 또 위장과 소장, 및 대장에는 소화액에 의하여 부스러지고 녹아진 음식물과 그 찌꺼기로 그득하다. 피부도 깨끗할 때와 더러울 때도 있다. 그러니 어떻게 깨끗한 것만 받아들이고 지저분한 것을 내버릴 수 있겠는가?

그런가하면 제16장에서는 통째로서의 도를 텅 빈 극점으로 비유하고 다음과 같이 설명하고 있다:

텅 빈 극점에 도달하여 고요한 정적을 지키면 만물이 다 생겨난다. 나는 그것들이 돌아가는 것을 본다. 만물이 생겨나서 흥하다가 각자 다시 뿌리로 돌아가는 것이다. 뿌리로 돌아가는 것을 고요함이라 말하고 고요함은 천명으로 돌아간다고 말하고 천명으로 돌아감은 한결같음이라고 말한다. 한결같음을 아는 것을 밝음이라 말하고 한결같음을 모르면 망령된 짓을 한다. 한결같음을 알면 모든 것을 포용하고, 포용하면 공평해지고, 공평하면 두루 퍼지게 되고, 두루 퍼지면 크고, 크면 도이다. 도는 영구하여 몸이 없어져도 위태롭지 않다.

치허극 수정독 만물병작 오이관기복 부물운
致虛極 守靜篤 萬物竝作. 吾以觀其復. 夫物芸
운 각복귀기근 귀근왈정 정왈복명 복명왈상 지
芸 各復歸其根. 歸根曰靜 靜曰復命 復命曰常. 知
상왈명 불지상 망작흉 지상용 용내공 공내주 주
常曰明 不知常 妄作凶. 知常容 容乃公 公乃周 周
내대 대내도 도내구 몰신불태
乃大 大乃道. 道乃久 歿身不殆.

위 본문에 따르면 도는 총체적이기도 하고 영구적이기도 하다. 공간적으로 통합적 전체인 동시에 시간적으로도 과거 미래 현재를 통째로 아우르는 도리인 것이다. 도는 텅 빈 극점으로, 고요하지만 한결같이 모든 것을 포용하고, 공평하게 온 세상에 두루 펼쳐진다. 그 때문에 개별적인 나의 몸이 없어졌다고 해서 총체적인 도가 사라진 것은 아니다.

이는 공적空寂한 뿌리에서부터 온갖 만물만생이 태어나서 활개를 치며 흥성하다가 다시 뿌리로 돌아가고, 곧 다시 그 뿌리에서 새 잎이 나오듯 만물만생이 또 다시 태어나는 것과 같다. 에너지 총량의 법칙처럼 도는 에너지의 총량으로 언제나 그대로 존재한다. 이는 수많은 만물만생이 삶이라는 운동에너지에서 죽음이라는 위치에너지로 돌아갔다가 다시 죽음의 위치에너지에서 삶의 운동에너지로 바뀔 뿐, 전체 에너지의 총량은 언제나 같은 것과 마찬가지 이치이다.

이처럼 통째로 보는 관점에서는 인仁과 의義와 같은 특정 덕목을 강조하는 것도 도가 아니다. 왜냐하면 인과 의를 강조하면 불인不仁과 불의不義를 가려내어 배척하게 되기 때문이다. 그렇게 되면 사물을 통째로 볼 수가 없게 된다.

제18장의 내용이 바로 그에 관한 것이다:

> 큰 도를 없애자 인과 의가 있게 되었다. 지혜가 나오자 큰 거짓이 생겼다. 육친이 서로 불화하자 효도와 자애가 나왔고, 국가가 혼란해지자 충신이 있게 되었다.
>
> 大道廢(대도폐) 有仁義(유인의). 智慧出(지혜출) 有大僞(유대위). 六親不和(육친불화) 有孝慈(유효자), 國家昏亂(국가혼란) 有忠臣(유충신).

위 본문에 따르면 세상 사람들이 모든 것을 통째로 보는 큰 도를 없애버렸기 때문에 인仁과 의義가 생겨났다고 한다. 인과 의가 있으니 자연히 불인과 불의도 있게 되었다. 또한 모든 것을 아우르고 포괄하는 큰 도가 사라지자 지혜가 나타났고, 지혜가 나오니까 지혜롭지 못한 거짓도 생겨나게 되었다는 것이다. 이처럼 사람들이 모든 것을 통째로 보지 않고 효와 불효를 따지고 충성과 불충을 가르기 때문에 오히려 가족 간에 불화가 생기고 국가가 혼란하게 되었다는 것이다.

바로 이 지점이 노자 사상과 공자 사상의 분기점이 아닐까 싶다. 또한 이 대목은 『사기』에 기록된 대로 공자가 노자를 찾아가 예를 물은 데 대한 노자의 답과도 일맥상통한다. 『사기』 「노자한비열전」에 따르면 노자는 자신을 찾아온 공자에게 다음과 같이 말했다:

> 훌륭한 상인은 귀한 물건을 깊이 숨겨두고 없는 척 하고, 군자는 덕이 많지만 겉모습은 어리석은 것 같습니다. 선생님은 교만과 지나친 욕망과 위선적 표현 및 숨겨진 야심을 버리세요. 그것들은 다 선생님 자신에게 도움이 안 됩니다. 제가 선생님에게 할 말은 이것뿐인 것 같군요.
>
> 양고심장약허 군자성덕 용모약우 거자지교
> 良賈深藏若虛, 君子盛德, 容貌若愚. 去子之驕

기여다욕 태색여음지 시개무익어자지신 오소
氣與多欲, 態色與淫志, 是皆無益於子之身. 吾所
이고자 약시이이
以告子, 若是而已.

이 같은 조언을 듣고 돌아온 공자는 제자들에게 이렇게 말했다:

새가 날 수 있음을 나는 안다. 물고기가 헤엄칠 수 있음도 나는 안다. 짐승이 달릴 수 있음 또한 나는 안다. 달리는 짐승은 그물을 쳐서 잡을 수 있고, 헤엄치는 물고기는 낚싯대를 드리워서 낚을 수 있다. 또한 날아가는 새는 화살을 쏘아서 잡을 수 있다. 하지만 용이 어떻게 바람과 구름을 타고 하늘로 올라가는지 나는 알 수가 없다. 오늘 내가 만난 노자는 마치 용과 같았다.

조 오지기능비 어 오지기능유 수 오지기능
鳥, 吾知其能飛, 魚, 吾知其能游, 獸, 吾知其能
주 주자가이위망 유자가이위륜 비자가이위증
走. 走者可以爲網, 游者可以爲綸, 飛者可以爲矰.
지어룡 오불능지 기승풍운이상천 오금일견노
至於龍, 吾不能知, 其乘風雲而上天. 吾今日見老
자 기유용야
子, 其猶龍邪.

사마천은 위와 같은 기록을 남김으로써 사실상 노자를 공자보다 한 수 위에 두었다. 하지만 사마천이 살았던 한나라 초기는 공자를 받드는 유가철학을 나라의 근본으로 삼는 무제武

帝와 동중서董仲舒의 시대로, 사마천도 『사기』에서 공자와 유가 학자들에게 더욱 많은 지면을 할애했다. 예를 들어 노자는 따로 독립시키지 않고 「노자한비열전」에서 짤막하게 다뤘지만, 공자는 「공자세가」에서 길게 다뤘다. 뿐만 아니라 공자의 제자들까지도 「중니제자열전」, 「맹자순경열전」, 「유림열전」 등 세 개의 열전을 따로 두어 자세히 소개했다.

그럼에도 불구하고 사마천은 촌철살인寸鐵殺人의 기지를 발휘하여 노자의 위상을 순식간에 공자의 위로 올려다 놓았다. 사마천은 아마도 자신이 모시는 임금인 무제가 공자와 그의 제자들에 관한 소제목들만 훑어보는 반면, 노자에 관한 이 짤막한 기록을 세심하게 보지 않을 줄을 알고 있었던 것 같다. 아무튼 사마천이 남긴 위 기록으로 보자면 노자는 공자에게 진심어린 가르침을 주었고, 공자 또한 솔직하고 담백하게 자신의 손아귀에 들어오지 않는 노자를 인정했음을 알 수 있다.

다시 노자의 『도덕경』 제19장에 돌아와 보면, 근본과 말단을 가르지 않는 통째로 보기에 대해 다음과 같은 한마디가 있다:

> 근본을 보고 통째로 끌어안으라.
>
> 見素抱樸.(견소포박)

근본, 즉 뿌리는 모든 다른 뿌리들과 땅 속에서 소통하며 하나로 연결되어 있다. 그 때문에 근본을 보고 통째로 끌어안으면 하나의 뿌리가 천지만물, 아니 우주전체까지도 다 포괄하게 되는 것이다. 이처럼 노자의 도는 모든 것이 혼합된 총체적인 진리이다.

제25장에서는 이 같이 통째로 혼합된 도를 아래와 같이 태초의 공적空寂한 어머니로 비유하고 있다:

> 혼합되어 이루어진 것이 있으니, 그것은 하늘과 땅보다 먼저 나와 적적하고 고요하다. 홀로 서있어도 바뀌지 않으며 두루 다니면서도 위태롭지 않으니 가히 세상의 어머니가 된다. 억지로 그것에 문자를 붙이자면 도라고 말할 수 있다.
>
> 유물혼성 선천지생 적혜요혜 독립불개 주행
> 有物混成 先天地生 寂兮廖兮. 獨立不改 周行
> 이불태 가이위천하모 강자지왈도
> 而不殆 可以爲天下母. 强字之曰道.

위 본문에 따르면 천지가 분리되기 이전의 혼합된 원통이 바로 도이다. 반고盤固 신화에 나오는 혼돈의 태초가 바로 도라는 것이다. 또한 이 도는 적적하고 고요한 상태에서 움직이지 않고 홀로 변함없이 우뚝 서 있기도 하지만, 동시에 온 세상을 돌아다니며 아무런 어려움 없이 모든 문제를 해결한다. 마치 팽

이의 중심축은 가만히 있으나 팽이가 쉴 새 없이 돌아가는 것과 같다. 너무 빨리 돌아가기 때문에 공적하게 보일 뿐이다.

재미있는 점은 노자가 도를 아버지가 아닌 어머니로 표현한 것이다. 바로 이 점 때문에 학자들은 노자의 철학을 부계사회가 형성되기 이전의 모계사회 철학이라고 보기도 한다. 그런 의미에서 노자가 말하는 천하의 어머니는 동북아시아의 신화에 등장하는 마고할머니 또는 오늘날까지도 대만과 중국 복건성 일대에서 숭배되는 마조媽祖와 일맥상통한다.

제27장에서는 선한 사람과 악한 사람을 구별하지 않고 통째로 끌어안는 도인의 통합 선 행위를 다음과 같이 강조하고 있다:

> 이처럼 성인은 통합 선으로 사람을 구원하기에 버릴 사람이 없고, 통합 선으로 만물을 구원하기에 버릴 것이 없다 …… 그러므로 착한 사람은 악한 사람의 스승이고 악한 사람은 착한 사람의 제자이다. 스승을 귀히 여기지 않고 제자를 사랑하지 않으면 비록 지혜로운 사람이라 해도 큰 혼란에 빠지게 될 터이니, 이를 미묘한 법이라 부른다.
>
> 시이성인상선구인 고무기인 상선구물 고무기
> 是以聖人常善救人 故無棄人 常善救物 故無棄
> 물 고선인자 불선인지사 불선인자 선인지
> 物 …… 故善人者 不善人之師 不善人者 善人之
> 자 불귀기사불애기자 수지대미 시위요묘
> 資. 不貴其師不愛其資 雖智大迷 是謂要妙.

선과 악이 협력하여 진짜 선을 이룬다는 말이 있듯이, 진정한 도인은 선과 악을 따로 보지 않는다. 진짜 도인이라면 선인과 악인을 다 구하지, 선인만 구하고 악인을 버리지 않는 법이다. 또한 도인은 사람뿐 아니라 모든 생명을 다 건지지 사람만 건지고 미물은 버리지 않는다. 위 본문에 따르면 선인과 악인의 관계는 스승과 제자의 관계로, 둘 다 꼭 있어야 하는 존재이다. 스승이 없는데, 제자가 어디 있으며, 제자가 없는데 어찌 스승이 존재할 수 있겠는가? 그 때문에 스승은 높고 제자는 낮은 게 아닌 것이다. 이처럼 도는 선과 악을 통째로 아우르는 미묘한 법인 것이다.

이어서 제28장에서는 이 미묘한 통합적 도를 갓난아기, 무극無極, 및 통나무 등 세 가지로 설명하고 있다:

> 수컷을 알고 암컷을 지키면 세상의 골짜기가 된다. 세상의 골짜기가 되면 항상 덕이 떠나지 않아 다시 갓난아기로 돌아온다. 흰색을 알고 검은 색을 지키면 세상의 법이 된다. 세상의 법이 되면 항상 덕이 어긋나지 않아 다시 무극으로 돌아온다. 영예를 알고 굴욕을 지키면 세상의 시내가 된다. 세상의 시내가 되면 항상 덕이 풍족하여 다시 통나무로 돌아온다. 통나무를 조각내어 그릇을 만들듯 성인이 그것들을 써서 관리를 만든다. 그러므로 크게 만들려면 조각내지 않는 법이다.

지기웅 수기자 위천하계 위천하계 상덕불리
知其雄 守其雌 爲天下谿. 爲天下谿 上德不離
복귀어영아 지기백 수기흑 위천하식 위천하식
復歸於嬰兒. 知其白 守其黑 爲天下式. 爲天下式
상덕불특복귀어무극 지기영 수기욕 위천하곡
上德不忒復歸於無極. 知其榮 守其辱 爲天下谷.
위천하곡 상덕내족 복귀어박 박산즉위기 성인
爲天下谷 上德乃足 復歸於樸. 樸散則爲器 聖人
용지 즉위관장 고대제불할
用之 則爲官長. 故大制不割.

진정 도인이 되고자 하는 사람은 먼저 수컷을 알고 암컷을 지켜야 한다. 우뚝 솟은 산처럼 강하고 굵은 수컷이 어떠한지 다 알고 있으면서도 골짜기를 흐르는 물처럼 약하고 가느다란 암컷의 특성을 지키라는 뜻이다. 그렇게 되면 갓난아기처럼 천진무구하게 된다. 여기서 갓난아기는 아무것도 모르는 듯하나 실은 다 알고 있고, 아무것도 아닌 것 같지만 무엇이든 될 수 있는 통합적 존재를 의미한다.

또한 무를 의미하는 흰색의 백지를 알고 유를 의미하는 검은색의 활자를 지키면 세상의 법이 된다. 그렇게 되면 모든 것을 종합하여 아우르는 무극의 상태가 된다. 흔히 바둑을 둘 때 고수는 흰 돌을 쥐고 하수는 검은 돌을 쥔다. 이처럼 비록 고수이지만 하수를 자처하면 그대로 세상의 법도가 되어 항상 덕이 떠나지 않는 무극으로 돌아간다는 것이다. 여기서 무극은 음양

陰陽을 낳은 태극太極 이전의 영零의 상태를 말한다. 무극은 마치 영零에서 일一이 나오고 무無에서 유有가 나오듯 태극을 생산하는 무한한 생산처를 의미한다.

마지막으로 영예를 알고 굴욕을 지키라는 말도 비록 영예가 무엇인지 알고 영예로운 언행을 할 수도 있지만 짐짓 굴욕의 자리에 서라는 뜻이다. 그러면 앞서 언급했던 대로 세상의 시내, 즉 골짜기를 흘러내려온 시내가 되어 결국 통나무로 돌아간다는 것이다. 여기서 통나무는 앞에서도 언급했던 대로 아무것도 아니지만 잘라서 무엇으로도 쓸 수 있는, 쓸모가 무궁무진한 원목을 말한다.

갓난아기와 무극 및 통나무라는 세 가지 통합적 상태로 돌아오기 위해서 노자는 먼저 세상의 골짜기, 세상의 법, 그리고 세상의 시내가 되지 않으면 안 된다고 한다. 여기서 골짜기는 산에서 발원되어 막 흐르기 시작한 물을 말하고, 시내는 골짜기에서 흘러온 물이 합쳐져서 조금 불어난 물을 말한다. 오늘날에는 골짜기와 시내를 모두 합쳐서 계곡谿谷이라고 말하지만 원래는 이처럼 골짜기 계谿와 시내 곡谷으로 다소 다른 뜻을 지니고 있다.

천차만별로 다른 세상 법에 따라 계곡을 흐르는 물처럼 섞일 수 있어야 비로소 그 세상을 뛰어넘는 통합적 상태인 무극과 갓난아기, 및 통나무로 돌아올 수 있다는 말은 바로 유와 무, 현상과 본질을 다 받아들이라는 뜻이다. 세상적인 것과 비세상적인 것 중 그 어느 것도 버릴 수 없고 중용하라는 것이다.

노자는 이처럼 수컷을 알고 암컷을 지키고, 흰색을 알고 검은색을 지키며 영예를 알고 굴욕을 지키면 갓난아기와 무극과 통나무로 돌아갈 수 있다고 말한다. 자르거나 쪼개지지 않은 원시 상태의 통합적 상태인 통나무와 무극, 및 갓난아기에 도달하기 위해서는 먼저 세상이 주는 수모와 굴욕의 과정을 거치지 않으면 안 된다. 이처럼 통째로 보기는 바로 앞 챕터의 엉뚱한 뒤집기에서 언급했던 역설과 반전이고, 다음 챕터인 끊임없는 변화에서 언급하게 될 고정관념의 타파와 그대로 연결된다.

갓난아기와 무극, 및 통나무 가운데서도 특히 수공을 가하기 이전의 이름 없는 원목, 즉 통나무 예찬은 제32장에서도 다음과 같이 계속된다:

> 도는 언제나 이름이 없다. 통나무가 비록 작지만 세상은 그것을 신하로 삼을 수 없다. 임금이 만약 그것을 지킬 수 있다면 만물이 장차 스스로 귀순할 것이고, 하늘과 땅이 스스로 화합하여 감로수

> 를 내리며, 명령 없이도 민중이 스스로 알맞게 처신할 것이다 …… 도를 세상에서 비유하자면 마치 시냇물이 강과 바다로 가는 것과 같다.
>
> 도상무명 박수소 천하막능신야 후왕약능수지
> 道常無名. 樸雖小 天下莫能臣也. 侯王若能守之
> 만물장자빈 천지상합 이강감로 민막지령 이자균
> 萬物將自賓 天地相合 以降甘露 民莫之令 以自均
> 비도지재천하 유천곡지어강해
> …… 譬道之在天下 猶川谷之於江海.

위 본문에 따르면 쪼개고 가르지 않은 작은 통나무가 온 세상보다 크다고 한다. 만약 세상을 다스리는 사람이 모든 것을 통째로 보는 원목 같은 마음을 굳건히 지킬 수 있다면, 천지만물이 원활하게 돌고 민중의 생활도 저절로 알맞게 돌아간다는 것이다. 이처럼 통나무는 모든 시냇물이 강을 거쳐 도달하는 바다와도 같은 것이다. 계곡의 물이 모든 것을 포용하며 바다로 가듯이 도는 이렇게 총체적이고 종합적이어서 어디를 가도 걸림이 없다.

제35장에는 바로 이 같이 걸림 없는 도의 무궁무진함을 다음과 같이 묘사하고 있다:

> 도를 얻고 나서 세상을 다니면 어디 가도 해를 당하지 않고 편안하고 태평하다. 비록 좋은 음악과 맛난 음식이 지나가는 사람의 발

길을 멈추게 하지만, 도는 맛으로 치면 담백하여 맛이 없다. 도는 아무리 보아도 다 볼 수 없고, 아무리 들어도 다 들을 수 없으며 아무리 써도 다 없어지지 않는다.

집대상 천하왕 왕이불해 안평태 악여이 과객
執大象 天下往 往而不害 安平泰. 樂與餌 過客
지 도지출구 담호기무미 시지부족견 청지부족
止 道之出口 淡乎其無味. 視之不足見 聽之不足
문 용지부족기
聞 用之不足旣.

도는 총체적이기 때문에 이처럼 어느 한쪽에 치우치지 않고 세상 어디를 가도 평안하다. 도는 사람들이 좋아하는 근사한 음악이나 맛깔스런 음식처럼 귀에 들리는 소리나 혀로 느낄 수 있는 맛이 아니다. 또는 멋진 풍경처럼 눈으로 볼 수 있는 형상도 아니다. 마치 듣고 보고 맛볼 수도 없는 공기처럼 우리 생명의 근원이 되는 에너지가 바로 도이다.

하지만 만약 도를 꺼내어 뭔가를 만든다면 필요에 따라 얼마든지 색색의 갖가지 형태와 소리를 만들 수도 있다. 그렇기 때문에 도를 아무리 끌어다가 써도 바닥이 보이지 않는 영원무궁한 에너지라고 말하는 것이다. 그래서 모든 만물만생은 도에서 나와서 형태와 소리와 맛을 지니고 있다가 다시 도로 돌아가는 것이다.

第37장의 후반부에서는 이 영원무궁한 에너지를 또 다시 이름 없는 통나무로 다음과 같이 표현하고 있다:

> (누군가) 억지로 (무엇을) 만들려고 하면 나는 그를 이름 없는 통나무로 누를 것이다. 이름 없는 통나무는 욕심이 없고, 욕심 없음은 그 고요함으로 세상을 저절로 바로 잡는다.
>
> 화이욕작 오장진지이무명지박 무명지박 부역
> 化而欲作 吾將鎭之以無名之樸. 無名之樸 夫亦
> 장무욕 무욕이정 천하장자정
> 將無欲 無欲以靜 天下將自正.

만약 누군가가 억지로 통나무를 쪼개서 무엇인가를 만들어 놓고, 그것만을 우상화하면 도인은 그를 이름 없는 통나무로 제어하겠다고 한다. 왜냐하면 이름 없는 통나무야말로 진정으로 사심 없이 고요하고 자연스럽게 온 세상을 바로잡기 때문이다. 이처럼 도인은 세상을 통째로 보기 때문에 통나무를 쪼개서 이것은 취하고 저것은 버리지 않는다. 귀한 것도 천한 것도 고운 것도 미운 것도 다 받아들인다. 그러므로 무엇인가 특별한 형상을 만들어놓고 사람들에게 그것을 숭배하게 할 수 없는 것이다.

第39장은 무엇이든 통째로 보는 관점을 귀함과 천함의 관계

를 들어 아래와 같이 서술하고 있다:

> 그러므로 귀함은 천함을 근본으로 삼고 높음은 낮음을 기초로 삼는다. 그 때문에 임금이 자기를 일컬어 외롭고 부족한 사람 또는 부덕한 사람이라고 말하는 것이다. 이것이 천함을 근본으로 삼는 것 아니겠는가?
>
> 고 귀 이 천 위 본 고 이 하 위 기 시 이 후 왕 자 위 고 과
> 故貴以賤爲本 高以下爲基. 是以侯王自謂孤寡
> 불 곡 차 기 이 천 위 본 야 비 호
> 不穀. 此其以賤爲本邪? 非乎?

비천한 사람이 없다면 고귀한 사람도 없으니 귀함은 천함을 근본으로 삼는다고 한다. 또한 가난한 사람이 없다면 부유한 사람도 없으니 부자는 빈자를 근본으로 삼는 것이다. 하지만 오늘날 많은 사람들은 귀하고 높은 신분뿐 아니라 잘나고 높거나 깨끗하고 돈 있는 것을 좋아한다. 반면에 못나고 낮거나 더럽고 돈 없는 것을 싫어한다. 그래서 돈 많고 힘 있는 사람들끼리 모여서 편을 짜고 돈 없고 힘없는 사람들을 배척한다.

그런가 하면 돈 없고 힘없는 사람들도 끼리끼리 모여서 돈 많고 힘 있는 사람들에게 대항한다. 그러나 노자는 크고 작은 것, 많고 적은 것, 강하고 약한 것을 비롯하여 모든 상대적 개

념을 한쪽만 받아들이지 말고 통째로 받아들이라고 한다. 그 통 안에서는 잘난 사람 못난 사람이 따로 없을 뿐 아니라 너와 나도 없고 남녀도 없고 노소도 없기 때문이다.

제49장은 선과 악, 믿음과 불신까지도 통째로 아우르는 도인의 마음을 아래와 같이 표현하고 있다:

> 성인은 늘 같은 마음을 가지고 있지 않고 백성의 마음으로 제 마음을 삼는다. 그리하여 선한 사람을 선하게 생각하고 악한 사람도 역시 선하게 생각한다. 이것을 덕선이라 한다. 또한 성인은 믿는 사람을 믿고 믿지 않는 사람도 역시 믿는다. 이것을 덕신이라 한다. 성인은 무심 무욕으로 세상을 위해 마음을 혼합시키기 때문에 백성들이 성인에게 이목을 집중한다. 하지만 성인은 모두를 어린이처럼 대한다.
>
> 성 인 무 상 심 이 백 성 심 위 심 선 자 오 선 지 불 선 자
> 聖人無常心 以百姓心爲心. 善者吾善之 不善者
> 오 역 선 지 덕 선 신 자 오 신 지 불 신 자 오 역 신 지 덕
> 吾亦善之. 德善. 信者吾信之 不信者吾亦信之. 德
> 신 성 인 재 천 하 흡 흡 위 천 하 혼 기 심 백 성 개 주 기
> 信. 聖人在天下 歙歙爲天下 混其心 百姓皆注其
> 이 목 성 인 개 해 지
> 耳目 聖人皆孩之.

성인, 즉 도인은 언제나 똑 같이 변하지 않는 마음을 지니고 있는 게 아니라 상황과 장소에 따라 서로 다른 민중의 마음을 다 끌어안아 자기 마음으로 삼는다. 그릇이 큰 사람은 큰 그릇으로 대해주고, 그릇이 작은 사람은 작은 그릇으로 대한다. 대접은 대접으로, 종지는 종지로 응수하는 것이다.

더 나아가 선한 사람은 선하게 받아들이고 악한 사람도 선하게 받아들인다. 이것이야말로 선과 악을 합한 선인 덕선인 것이다. 또 민중 가운데 믿음이 있는 사람은 믿음으로 받아들이고 믿음이 없는 사람도 믿음으로 받아들인다. 이것이 바로 믿고 믿지 않음을 통째로 보는 믿음인 덕신인 것이다.

이처럼 도인은 온 세상의 서로 다른 다양한 사람들의 마음을 하나도 버리지 않고 함께 섞어서 수용한다. 민중은 이 같은 도인의 행위가 도대체 무엇을 의미할까 궁금해 하며 이목을 집중하지만 도인은 오히려 어린애처럼 대한다. 마치 천진한 어린이가 어린이들을 상대하듯이 그렇게 따지지 않고 생글거리며 산다는 뜻이다.

통째로 보기는 통째로 산다는 뜻이기도 하다. 그 때문에 도인은 말이나 이론을 앞세우기보다 언제나 곧장 행위와 실천으로 나아간다. 제56장의 본문은 바로 그러한 도인의 실천을 다음과 같이 강조하고 있다:

구멍은 막고 문은 닫고, 날카로운 부분은 무디게 한다. 얽힌 것은 풀고 빛과 화합하고, 먼지와 같이 한다. 이것을 현묘한 같아짐이라 말한다. 얻었다고 친하다 여기지 않고 얻었다고 멀어졌다고 생각하지도 않는다. 얻었다고 이롭게 여기지도 않고 얻었다고 해롭게 생각하지도 않는다. 얻었다고 귀하게 여기지도 않고 얻었다고 천하게 생각하지도 않는다.

색 기 혈 폐 기 문 좌 기 예 해 기 분 화 기 광 동 기 진
塞其穴 閉其門 挫其銳. 解其紛 和其光 同其塵.
시 위 현 동 불 가 득 이 친 불 가 득 이 소 불 가 득 이 리
是謂玄同. 不可得而親 不可得而疎. 不可得而利
불 가 득 이 해 불 가 득 이 귀 불 가 득 이 천
不可得而害. 不可得而貴 不可得而賤.

물이 흘러가면서 움푹 팬 구멍이 있으면 채우고 가듯이 도인은 움푹 팬 구멍을 발견하면 왜 그것이 움푹한지 따지지 않고 다가가서 막는다. 또한 문이 열려 있어 나쁜 기가 들어오면 그냥 문을 닫는다. 그런가 하면 너무 날카로워 위험한 물건은 무디게 갈아준다. 또 가다가 실꾸리처럼 얽혀 있는 상황에 부딪치면 꼼꼼히 풀어준다. 이 모두가 이론이 아닌 실천인 것이다. 그 때문에 도인은 환한 빛을 만나면 같이 환하게 밝아지고, 티끌과 먼지를 만나면 함께 먼지가 되어 뒹군다. 이것이 바로 무엇과도 하나가 되는 현묘한 같아짐이다.

위 본문의 후반부에 나오는 "얻었다고 친하다고 여기지 않

고, 얻었다고 멀어졌다고 생각하지도 않는다."는 무언가를 얻었다고 좋아하지도 말고 싫어하지도 말라는 뜻이다. 왜냐하면 얻었다고 해서 다 이익이 되는 것도 아니고 손해가 되는 것도 아니기 때문이다. 또한 얻어서 귀하게 되는 것도 아니고 그렇다고 천하게 되는 것도 아니다. 이는 그 어느 쪽으로도 치우치지 말고 통합적으로 보라는 충고인 것이다.

제58장에서도 화와 복, 선과 악의 통합적 보기가 다음과 같이 이어진다:

> 화는 복이 기대고 있는 것이고 복은 화가 웅크리고 있는 것이다. 극단이 바르지 않음을 누가 알겠는가? 바른 사람이 다시 바르지 않게 되고 착한 사람이 다시 악하게 되는 이 미혹한 인생이 그 얼마나 오래되었는지! 그래서 성인은 자신은 네모처럼 반듯하지만 남을 가르지 않고 자신은 청렴하지만 남에게 상처주지 않는다. 또한 자신은 곧지만 함부로 남을 농단하지 않는다. 그래서 빛나지만 눈부시게 하지 않는다.
>
> 화 혜 복 지 소 의 복 혜 화 지 소 복 숙 지 기 극 기 무
> 禍兮 福之所倚 福兮 禍之所伏. 孰知其極其無
> 정 야 정 복 위 기 선 복 위 요 인 지 미 야 기 일 고 구
> 正邪? 正復爲奇 善復爲妖 人之迷也 其日固久!
> 시 이 성 인 방 이 불 할 렴 이 불 귀 직 이 불 사 광 이 불
> 是以聖人方而不割 廉而不劌 直而不肆 光而不
> 요
> 耀.

위 본문에 따르면 복과 화는 전혀 관계없는 극과 극의 반의어가 아니라 서로 받쳐주는 것들이다. 옳은 사람과 그른 사람도 따로 있지 않고, 선한 사람 악한 사람 또한 별개로 존재하는 게 아니라는 것이다. 이는 이런 사람이 얼마 후 저런 사람으로 변하고, 피해자가 어느새 가해자로 변할 수 있다는 뜻이기도 하다.

사실이 그럼에도 불구하고 사람들은 여전히 나누고 가르고 쪼개는 미혹한 삶을 오래 살아왔다. 이렇게 미혹한 사람들과 달리 도인은 비록 자신이 두부처럼 네모반듯하지만 다른 사람이나 사물에 대해 그렇게 반듯하게 잘라서 배제하지 않는다. 또 자기는 청렴한 생활을 하면서도 남에게는 구두쇠처럼 쫀쫀하게 굴어서 상처를 주지 않는다. 또한 자기가 곧다고 해서 곧지 않은 사람들을 멋대로 비난하고 쳐내지도 않는다. 그 때문에 성인은 빛이 나지만 그 빛이 사람들을 눈부시게 하지 않는다는 것이다.

다음 장인 제59장에서는 통째로 보는 도를 농사에 비유하여 다음과 같이 설명하고 있다:

> 사람을 다스리고 하늘을 섬기는 일은 농사만한 게 없다. 무릇

농사는 모든 것을 조복받는 것으로, 조복이란 덕을 겹겹이 쌓는 것을 말한다. 덕을 겹겹이 쌓으면 이기지 못할 게 없다. 이기지 못할 게 없으니 극단으로 치우치는 걸 모른다. 극단으로 치우칠 줄 모르기 때문에 나라를 가질 수 있다. 나라를 가진 어미는 그 나라를 오래오래 유지할 수 있다. 이를 일컬어 깊은 뿌리와 단단한 꼭지를 지닌 장생불멸의 도라 하는 것이다.

치인사천 막약색 부유색 시이조복 조복위지
治人事天 莫若嗇. 夫唯嗇 是以早復 早復謂之
중적덕 중적덕 즉무불극 무불극 즉막지기극
重積德. 重積德 則無不克. 無不克 則莫知其極.
막지기극 가이유국 유국지모 가이장구 시위심
莫知其極 可以有國. 有國之母 可以長久. 是謂深
근고저장생구시지도
根固柢長生久視之道.

위 본문에서 "조복이란 덕을 겹겹이 쌓는 것"이라고 했는데, 이는 모든 것을 조절하여 항복받는다는 뜻이다. 또 어느 한 가지도 빼놓지 않고 다 받아들여 조화롭게 돌리기 때문에 덕을 겹겹이 쌓는 일에 비유한 것이다. 농부가 농사를 할 때의 마음과 대통령이 정치를 할 때의 마음은 이처럼 똑같이 극단에 치우치지 않아야 한다. 그래야만 마치 어미가 잘난 자식과 못난 자식을 다 품에 끌어안듯 모든 국민을 품어서 나라를 오래 유지할 수 있다. 또한 그래야만 농부가 씨앗을 심어 깊게 뿌리 내려 꼭지가 단단해진 수확물을 풍성히 수확할 수 있는 것이다.

제61장에서 노자는 강대국과 약소국을 모두 아래로 흐르는 물에 비유하여 다음과 같이 묘사하고 있다:

> 강대국은 세상의 하류이고 세상이 교류하는 곳이고 세상의 암컷이다. 암컷은 늘 조용히 수컷을 이기고 그 조용함 때문에 아래에 처한다. 강대국은 약소국의 아래에 처하기 때문에 약소국에게 받아들여지고, 약소국은 강대국의 아래에 처함으로써 강대국에게 받아들여진다. 강대국도 아래에 처함으로써 받아들여지고 약소국도 아래에 처함으로서 받아들여진다. 강대국은 약소국을 합병하여 다스리고 싶을 뿐이고, 약소국은 강대국에 편입하여 섬기고 싶을 뿐이니 양쪽 다 바라는 대로 되는 것이다. 그 때문에 큰 쪽이 마땅히 아래에 처하여야 한다.
>
> 대국자 천하지하류 천하지교 천하지빈 빈상
> 大國者 天下之下流 天下之交 天下之牝. 牝常
> 이정승모 이기정고위하야 고대국이하소국즉취
> 以靜勝牡 以其靜故爲下也. 故大國以下小國則取
> 어소국 소국이하대국즉취어대국 혹하위취 혹하
> 於小國 小國以下大國則取於大國. 或下以取 或下
> 이취 대국불과욕겸축인 소국불과욕입사인 양자
> 以取. 大國不過欲兼畜人 小國不過欲入事人 兩者
> 각득기소욕 고대자의위하
> 各得其所欲. 故大者宜爲下.

노자에 따르면 큰 나라와 작은 나라는 각각 다 아래에 처함으로써 각자 원하는 것을 얻는다. 강대국이나 약소국이나 다 바라는 바는 다르지만 원하는 것을 얻기 위해 모두 다 아래에 처해야 한다는 점에서는 같다는 것이다. 위 본문에도 나와 있지만 대국과 소국은 원하는 바가 분명 다르다. 즉 강대국은 약소국을 합병하여 영향력을 행사하려는 의도가 있고, 약소국은 강대국에게 편입되어 보호를 받으려는 의도가 있다. 하지만 강대국과 약소국 모두 아래에 처하려는 겸손한 태도를 보여야 상대에게 거부감 없이 받아들여 각자 원하는 바를 얻는다.

무엇보다 중요한 점은 위 본문 마지막에서 강조하듯 약소국보다 강대국이 먼저 아래로 내려가지 않으면 안 된다는 사실이다. 얼핏 생각하면 강대국과 약소국이 모두 다 아래에 처해야 한다는 윗부분과 모순이 되는 결론 같다. 하지만 논리적으로는 모순되지만 그 안에 진실이 있음을 알아채지 않으면 안 된다.

제77장에서는 통째로 보기에서 한걸음 더 나아가 남는 부분은 덜고 부족한 부분은 메꾸는 통째로 만들기에 관하여 다음과 같이 설명하고 있다:

> 하늘의 도는 마치 활을 메우는 것과 같다. 높은 부분은 내리누르고 낮은 부분은 치켜올린다. 여유 있는 부분은 덜어내고 부족한 부분은 보충한다. 하늘의 도는 남는 것을 덜어서 모자란 것을 메운다. 하지만 사람의 도는 그렇지 않다. 모자란 것을 덜어서 남아

도는 것에 바친다. 누가 능히 남아도는 것으로 세상에 이바지할 수 있을까? 오직 도 있는 사람만이 그렇게 한다.

천 지 도 기 유 장 궁 여 고 자 억 지 하 자 거 지 유 여
天之道 其猶張弓與! 高者抑之 下者擧之. 有餘
자 손 지 부 족 자 보 지 천 지 도 손 유 여 이 보 부 족 인
者損之 不足者補之. 天之道 損有餘而補不足. 人
지 도 즉 불 연 손 부 족 이 봉 유 여 숙 능 유 여 이 봉 천
之道 則不然. 損不足以奉有餘. 孰能有餘以奉天
하 유 유 도 자
下? 唯有道者.

너무 앞서 가는 사람은 잡아서 늦추고 너무 뒤에 처져서 오는 사람은 끌어당기듯, 모든 것을 통째로 요리하는 도인은 넘치는 부분은 덜고 모자란 부분은 채운다. 위 본문은 이것이 진정한 하늘의 도라고 한다. 하지만 사람의 도는 하늘의 도와 달라서 있는 사람이 없는 사람의 것까지 다 가져가버린다. 한마디로 부익부빈익빈富益富貧益貧 상황이 벌어진다. 그 결과 웃는 사람이 생기는가 하면 우는 사람도 생기는 것이다. 반면에 진정한 도인은 하늘의 도를 그대로 인간 세상에서 실천하는데, 그 도는 다름 아닌 그 어느 것도 배제하지 않고 두루 포용하는 원통의 도이다.

원통을 돌리는 도인은 제79장에서처럼 채권자이면서도 채무자처럼 처신하고 친한 사람 친하지 않은 사람을 가리지 않고

모두를 선하게 대하는 그런 존재이다:

> 큰 원한은 화해해도 여한이 남는 법이니 어찌 선하다 할 수 있겠는가? 그래서 성인은 채권을 가졌음에도 남에게 빚을 독촉하지 않는다. 그 때문에 덕이 있는 사람은 남에게 양도할 계약을 하고, 덕이 없는 사람은 남에게 양도 받을 계약을 한다. 하늘의 도는 친한 사람이 따로 없이 언제나 선한 사람과 함께 한다.
>
> 화대원 필유여원 안가이위선 시이성인집좌
> 和大怨 必有餘怨 安可以爲善? 是以聖人執左
> 계 이불책어인 고유덕사계 무덕사철 천도무친
> 契 而不責於人. 故有德司契 無德司徹. 天道無親
> 상여선인
> 常與善人.

위 본문은 먼저 사람들과의 관계에 있어서 여한이 남을 만큼 큰 원한을 가지면 안 된다고 말한다. 그 때문에 비록 내가 상대에게 돈을 빌려주었다 하더라도 나와 상대를 각각 채권자나 채무자로 규정짓고, 그에 따라 상대를 핍박하거나 업신여기지 말라고 한다. 이는 내가 누군가에게 돈을 빌려준다 하더라도 받아야겠다는 생각 없이 그냥 주라는 것이다. 이처럼 덕이 있는 도인이라면 돈을 빌려줄 때 돈을 주는 약속을 할 뿐 받을 약속은 하지 않는다. 이와 반대로 덕이 없는 사람은 늘 돈을 받을 계약을 하기 때문에 자연히 채무자에게 빚 독촉을 하게 되고, 그 결과 채무자와 큰 원한을 쌓는 것이다.

또 마지막의 "하늘의 도는 친한 사람이 따로 없이 언제나 선한 사람과 함께 한다."는 대목은 이렇게 설명할 수 있다. 즉 보통 사람들은 친하고 친하지 않은 사람을 구분하여 친한 사람은 봐주고 친하지 않은 사람은 봐주지 않는다. 하지만 도인은 친소親疎가 따로 없이 누구에게나 선하게 대할 뿐이다. 그래서 위 본문의 끝 부분에 있는 "언제나 선한 사람과 함께 한다"는 도인이 악한 사람을 배제하고 선한 사람과 함께 한다는 뜻이 아니다. 도인은 어디까지나 친한 사람도 선하게 대하고 악한 사람도 역시 선하게 대하기 때문이다.

요컨대 도인은 상대가 좋은 사람이든 나쁜 사람이든 나와 별개의 존재로 보지 않고 언제나 사심 없이 원통을 굴린다. 이처럼 언제 어디서나 상대와 자신의 경계를 허물고 무엇이든지 통째로 보고 통째로 행하는 사람이라면 어느 누구라도 노자로 살아가는 맛을 볼 것이다.

삽화 강희원

끊임없이 변화하기

한 중국학자는 노자를 연구하는 사람들을 다음 세 가지 부류로 나누었다. 그 첫째 부류는 노자를 철학 사상가로 연구하는 집단으로, 이들은 주로 『노자』의 본문에 주석을 달고 이를 다른 해설과 비교하는 순수한(?) 학자들이다. 둘째로는 노자를 단순한 개인 수양의 스승으로 보고 평생 도인이 되는 수련을 하는 수행자들이다. 마지막 세 번째 부류는 노자를 모략의 대가로 보고, 『노자』에서 음모와 전략의 기술을 배우는 정치가들이다.

하지만 사람에게 머리만 있고 몸통과 마음이 없을 수는 없다. 그 때문에 노자를 순수하게 학술적으로 연구하는 학자들과 노자의 말을 일상에서 수행하는 수행자들은 각자 따로 돌아가는 것이 아니라 함께 돌아간다. 뿐만 아니라 노자로부터 전략을 배우는 정치가들까지도 학자들과 수행자들과 같이 돌아간다. 비록 노자를 음모나 전략으로 이용한다고 해도 적절히 잘만 이용한다면 그렇게 부정적이고 사악한 일만도 아니기 때문이다. 이처럼 노자를 보는 세 부류 사람들은 사실 모두 한 사람이고 하나로 돌아가고 있다. 이것이 바로 노자가 말한, 부정과 긍정을 통째로 보고 엉뚱하게 뒤집는 노자 식 관점이다.

그런데 노자로 살아가는 맛을 더 잘 보기 위해서는 모든 사물을 엉뚱하게 뒤집고 통째로 보는 동시에 언제나 끊임없이 변화하는 관점을 갖지 않으면 안 된다. 끊임없이 변화한다는 것은 물처럼 또는 바람처럼 멈추지 않고 흘러가는 삶을 사는 것이다. 사실 살아가면서 만나는 어떤 슬픔도 물처럼 흘러가게 되어 있고, 어떤 기쁨도 바람처럼 날아가게 되어 있는 것이다.

그럼에도 불구하고 많은 사람들은 사물에 대해 고정관념을 갖고 살아간다. 하지만 만약 우리가 자기 자신을 비롯해서 이 세상 만물이 한 순간도 멈춤이 없이 변화하는 것을 인정하지 않고 사물에 대해 고정관념을 갖는다면 순간순간 불안하고 고통스럽기 짝이 없을 것이다. 반면에 세상 만물이 끊임없이 변화함을 인정하고, 자기 자신도 시시각각 바뀌는 모습을 인정한다면 언제 어디서나 편안하게 살 수 있을 것이다. 원래 세상은 그렇게 끝없이 돌아가고 있기 때문이다.

『노자』 제5장에서 보여주는 세상의 모습은 이처럼 끊임없이 변화하며 돌아가는 풀무와도 같다:

> 하늘과 땅 사이는 마치 풀무와도 같다. 텅 비었지만 굴함이 없고, 움직이면서 끊임없이 바람이 나온다.
>
> 천지지간 기유탁약 허이불굴 동이유출
> 天地之間 其猶橐籥! 虛而不屈 動而愈出.

사람을 비롯하여 하늘과 땅 사이에서 살아가는 만물만생은 마치 바람을 일으키는 풀무 속처럼 다함이 없이 움직이며 바람처럼 나왔다 들어갔다 한다. 그 풀무 속 만물만생은 너무 빨리 또 너무 여러 가지 모양으로 나타났다가 순식간에 사라지기 때문에 무엇이라고 꺼내어 놓을 수가 없다. 그 때문에 오히려 텅 비어 있는 것처럼 보인다고 하는 것이다. 비행기 프로펠러가 너무 빨리 돌아가기에 프로펠러의 날개를 보지 못하는 것처럼, 이 세상의 온갖 것들이 너무나 재빨리 돌아가기에 그저 바람만 휙휙 불 뿐, 아무것도 보이지 않고 텅 빈 공간으로 느껴진다는 뜻이다.

제15장에서는 텅 빈 듯 보이지만 찰라 찰나 여러 가지 다른 모습으로 변화무쌍하게 돌아가는 도의 길을 가는 사람에 관해 다음과 같이 묘사하고 있다:

> 옛날 도의 길을 잘 가는 사람은 미묘하고 그윽하여 그 깊이를 알 수 없다. 알 수는 없지만 굳이 이를 형용하자면 겨울에 시내를 건너는 듯 주저하고 마치 변방을 두려워하듯 머뭇거린다. 또 손님처럼 조심스레 굴고 얼음이 녹는 것 같이 서서히 풀리며 통나무 같이 도탑다. 또한 골짜기처럼 텅 비어 있고 탁류처럼 혼탁하다. 그런데 누가 능히 혼탁한 것을 고요히 가라앉혀 맑게 하는가? 또 누가 맑게 가라앉은 물을 살살 흔들어서 다시 혼탁한 것을 일어나게 하는가?

고 지 선 위 사 자 미 묘 현 통 심 불 가 식 부 유 불 가 식
古之善爲士者 微妙玄通 深不可識. 夫唯不可識
고 강 위 지 용 예 혜 약 동 섭 천 유 혜 약 외 사 린 엄 혜
故强爲之容 豫兮若冬涉川 猶兮若畏四隣. 儼兮
기 약 객 환 혜 약 빙 지 장 석 돈 혜 기 약 박 광 혜 기 약
其若客 渙兮若冰之將釋 敦兮其若樸. 曠兮其若
곡 혼 혜 기 약 탁 숙 능 탁 이 정 지 서 청 숙 능 안 이 동
谷 混兮其若濁. 孰能濁以靜之徐淸? 孰能安以動
지 서 생
之徐生?

위 본문에 따르면 도인의 모습은 미묘하고 심원하여 뭐라고 꼭 집어낼 수가 없다. 굳이 도인의 모습을 묘사하자면 겨울에 살얼음이 있는 시내를 건너가듯 주저하고, 변방을 지날 때 적국의 동향을 살피듯 머뭇거리는가 하면 마치 손님노릇을 할 때처럼 조심스럽게 행동한다. 또 얼음이 막 녹기 시작할 때같이 시나브로 풀리고, 수공을 가하지 않은 통나무처럼 둥글다. 그런가 하면 도인은 골짜기처럼 텅 비어 있기도 하고 진흙탕물처럼 혼탁하게 꽉 차 있기도 하다.

하지만 그것도 잠깐일 뿐이다. 어느새 흙탕물이 고요히 가라앉아 서서히 맑은 물로 변하게 하고, 또 찰나 간에 편안히 흔들어서 다시 뿌연 흙탕물을 만들기도 한다. 위 본문은 이 모든 변화를 누가 하는가?로 끝을 맺고 있는데, 이는 물론 도인이 하는 것이다. 도인에게는 생활 자체가 머무르지 않는 흐름이고 끊임없는 변화이기 때문이다.

도는 이처럼 늘 변화하기 때문에 선명한 유채색이 아니라 흐릿한 무채색이고, 분명하기보다 불분명하고, 확신하기보다 머뭇거리고 조심한다. 또한 빨리 움직이지 않고 서서히 움직이기 때문에 변화하지 않는 것처럼 보인다. 뿐만 아니라 도는 텅 빈 상태로 있는 듯하지만 그 안에서 온갖 것들이 이것 또는 저것으로 나타나 적절하게 작용하다가 곧 다시 텅 빈 근본으로 돌아간다. 이는 마치 도가 투명한 상태로 있다가 다시 혼탁한 상태로 변화하여 소용돌이치다가 또 다시 투명한 상태로 돌아가는 것과 같다.

그 때문에 제20장에 묘사되는 도인의 언행은 많은 다른 사람들의 언행과 사뭇 다를 수밖에 없다:

> 많은 사람들은 희희낙락하다. 마치 소고기 돼지고기를 즐기고 봄 구경하기 위해 누대에 오른 듯. 나는 홀로 아무런 움직임 없이 고요하다. 마치 갓난아기가 웃지 않고 노곤하여 돌아갈 곳이 없는 듯. 사람들은 모두 풍요로운데 나는 홀로 잃은 듯하다. 아 나의 어리석은 마음이여! 흐리멍덩하여 분별력이 없는 듯하다. 세상 사람들은 똑똑하지만 나는 홀로 멍청하다. 세상 사람들은 사리가 분명한데 나는 홀로 답답하다. 바다 같이 담담하고 바람처럼 머물지 않는다. 많은 사람들은 다 능력이 있으나 나는 홀로 완고하고 비루하다. 나만 홀로 남들과 달리 식모를 귀히 여긴다.

중인희희 여향태뇌 여춘등대 아독박혜기미
衆人熙熙. 如享太牢 如春登臺. 我獨泊兮其未
조 여영아지미해 래래혜약무소귀 중인개유여
兆. 如嬰兒之未孩 儽儽兮若無所歸. 衆人皆有餘
이아독약유 아우인지심야재 돈돈혜약무소별
而我獨若遺. 我愚人之心也哉! 沌沌兮若無所別.
속인소소 아독혼혼 속인찰찰 아독민민 담혜기
俗人昭昭 我獨昏昏. 俗人察察 我獨悶悶. 澹兮其
약해 료혜약무지 중인개유이 이아독완차비 아
若海 飂兮若無止. 衆人皆有以 而我獨頑且鄙. 我
독이어인 이귀식모
獨異於人 而貴食母.

많은 사람들이 맛난 음식을 먹으며 즐겁고 신나게 이리저리 몰려다닐 때 도인은 미동도 없이 고요하고, 다른 사람들은 여유 있고 똑똑한 능력자인데 도인만은 미욱한 바보 같다. 남들은 모두 어른 같은데 도인은 갓난아기 같다. 그런가 하면 사람들이 내달리는 강물처럼 빠르게 달려 나가는데 도인은 바다처럼 담담하게 머물러 있다. 반면에 사람들이 머물러 있을 때 도인은 도리어 바람처럼 멈추지 않고 휘돈다. 뿐만 아니라 사람들이 화려한 색채를 뽐내며 돌아다닐 때 도인은 밋밋한 무채색으로 머물러 있고, 사람들이 고정관념을 가지고 멈춰 있을 때 도인은 도리어 고정관념을 타파한다.

게다가 도인은 대부분의 사람들이 천대하고 무시하는 식모를 귀하게 여긴다. 식모는 문자 그대로 해석하면 밥을 주는 어머니이다. 하지만 당시에도 많은 사람들은 먹을 것을 만들어 주는 식모를 천시했던 것 같다. 오늘날에도 식모는 가사도우미로 이름만 바뀌었을 뿐, 역시 가족들에게 먹을 것을 만들어 주는 존재일 뿐이다. 이처럼 오늘날에도 많은 사람들은 식모의 신분을 미천하게 여기고 귀히 여기지 않는다.

하지만 도인은 생명의 밥을 주는 어미인 식모를 소중히 여긴다. 어찌 보면 도인이 바로 식모라고도 할 수 있다. 아무튼 도인은 이처럼 바보에서 갓난아기로, 바다에서 바람으로, 다시 식모로 수없이 변화하는 존재 아닌 존재인 것이다.

제21장에서도 도와 덕의 변화무쌍함이 다음과 같이 묘사되고 있다:

> 텅 빈 덕의 모습은 오직 도를 따른다. 도가 만물이 되니 오직 황홀할 뿐이다. 황홀하고 황홀하니 그 안에 만생이 있고, 황홀하고 황홀하니 그 안에 만물이 있다. 아득하고 그윽하니 그 안에 에너지의 정수가 있고, 아득하고 그윽하니 그 안에 믿음이 있다. 예로부터 지금까지 '도'라는 이름이 사라지지 않았기 때문에 이처럼 만물과 만생의 원초를 보는 것이다. 내가 어떻게 만물만생의 원초를 알았겠는가? 이 도로 인함이다.
>
> 공덕지용 유도시종 도지위물 유황유홀 홀혜
> 孔德之容 唯道是從. 道之爲物 唯恍唯惚. 惚兮
> 황혜 기중유상 황혜홀혜 기중유물 요혜명혜 기
> 恍兮 其中有象. 恍兮惚兮 其中有物. 窈兮冥兮 其
> 중유정 명혜요혜 기중유신 자고급금 기명불거
> 中有精, 冥兮窈兮 其中有信. 自古及今 其名不去
> 이열중보 오하이지중보지연재 이차
> 以閱衆甫. 吾何以知衆甫之然哉? 以此.

도가 실현된 덕의 모습은 도와 마찬가지로 텅 비어 있다. 하지만 그 텅 빈 자리에서 만물이 나와서 황홀하게 돌아간다. 또 만물이 나온 그 자리에서 다시 만생이 나오니 어찌 더 황홀하지 않을 수 있을까? 여기서 만물은 바위 등 모든 무생물의 총칭이고, 만생은 사람 등 모든 생물의 총칭이다. 만물과 만생이 나온 그 텅 빈 도에는 아득하고 깊이를 알 수 없는 그윽함이 있다. 왜냐하면 그 도 안에 에너지의 본체가 있고, 또 그 안에 에너지를 갖고 움직이는 만물만생의 애절한 체험이 서려있기 때문이다.

옛날부터 오늘까지 오직 바로 '도'라는 이름이 있었기에 도인은 만물만생의 원초를 가늠할 수 있는 것이다. 텅 빈 도의 자리에서 이처럼 온갖 만물만생이 끊임없이 들락거리며 변화하다가 다시 텅 빈 도의 자리로 돌아가는 세계가 바로 덕의 세계이다.

흔히 『도덕경』을 상경上經과 하경下經으로 나누어서 상경을 『도경』이라 하고, 하경을 『덕경』이라 한다. 제1장에서 제37장까지는 도를 이야기하고 있다고 하여 『도경』이라 부르고 제38장부터 끝까지는 덕이 위주라고 하여 『덕경』이라 부르는 것이다. 하지만 도를 다룬다는 상경에 속하는 제21장에서도 위와 같이 덕을 다루고 있고, 덕을 다룬다는 하경에서도 곳곳에서 도를 언급하고 있다. 이로서 볼 때 『도덕경』을 『도경』과 『덕경』 또는 상경과 하경으로 나누는 분류에 굳이 얽매일 필요는 없다고 본다.

실제로 상경인『도경』에 속하는 제23장에서도 도뿐만 아니라 덕의 변화무쌍함에 대해 다음과 같이 말하고 있다:

> 거세게 부는 바람도 아침나절을 넘기지 못하고 쏟아지는 소나기도 하루를 넘기지 못한다. 누가 그렇게 만드는가? 하늘과 땅이다. 천지도 이렇게 오래 가지 못하는데 하물며 사람이랴? 그러므로 도를 따르는 사람은 도와 같아지고 덕을 따르는 사람은 덕과 같아지고 도와 덕을 잃은 사람은 실(잃음)과 같아진다. 도와 같아진 사람은 도 또한 그 사람을 얻고, 덕과 같아진 사람은 덕 또한 그 사람을 얻는다. 하지만 도와 덕을 잃은 사람은 실이 그 사람을 얻는다.
>
> 표풍불종조 취우불종일 숙위차자 천지 천지
> 飄風不終朝 驟雨不終日. 孰爲此者? 天地. 天地
> 상불능구 이황어인호 고종사어도자동어도 덕
> 尙不能久 而況於人乎? 故從事於道者同於道 德
> 자동어덕 실자동어실 동어도자 도역득지 동어
> 者同於德 失者同於失. 同於道者 道亦得之 同於
> 덕자 덕역득지 동어실자 실역득지
> 德者 德亦得之. 同於失者 失亦得之.

천지의 작용은 이처럼 변화무쌍하다. 하늘과 땅의 조화인 바람과 비도 순식간에 일어났다 사라진다. 아무리 폭풍이 몰아쳐도 아침나절을 다 불지 못하고, 억수같이 퍼붓는 폭우도 하루를 다 내리지 못하는 것이다. 비교적 장구하다고 생각하는 천

지도 이렇게 자주 변화하는데 사람의 변화는 오죽하겠는가? 변덕이 팥죽 끓듯 한다고 사람의 언행은 시시때때로 변화하여 마지않는다.

그래서 사람은 도와 하나가 되는 도인道人이 되었다가 덕과 하나가 되는 덕인德人이 되었다가, 도도 덕도 잃어버린 미아迷兒인 실인失人이 되기도 한다. 도를 따르는 사람은 도와 같아져서 도와 사람이 서로를 얻고, 덕을 따르는 사람은 덕과 같아져서 덕과 사람이 서로를 얻는다. 하지만 도와 덕을 다 잃은 사람은 실과 같아져서 실과 사람이 서로를 얻는다. 실과 사람이 서로를 얻는다는 뜻은 물론 사람이 모든 것을 잃는다는 것이다.

아름다운 꽃도 시들면 어쩔 수 없이 쓰레기통으로 들어가듯이, 고왔던 사람도 어느새 흉하게 변하고 착한 사람도 얼마 후 악하게 변하기도 하며 건강하던 사람도 순식간에 죽을병에 걸리는 수도 있다. 또 그 반대의 변화도 종종 일어난다. 미웠던 사람이 고와지고 악인도 선인으로 바뀌며 다 죽어가던 사람이 살아나기도 하는 것이다. 그 때문에 비록 지금 내가 상대보다 강하다고 해서 상대를 무시하지 않아야 하고, 내가 지금 상대보다 낫다고 해서 뽐내고 교만하지 않아야 한다.

제30장에는 바로 임금에게 그와 같은 조언을 하는 보좌관에

관한 다음과 같은 내용이 담겨져 있다:

> 도로써 임금을 보좌하는 사람은 무력으로 세상의 강자가 되라고 하지 않는다. 그런 일은 되돌아오기 쉽다. 군대가 주둔하는 곳에는 가시덤불이 무성하고 큰 전쟁 이후에는 반드시 흉년이 온다. 참으로 전쟁을 잘 하는 사람은 그냥 할 뿐 강대해지려하지 않는다. 그러니 그냥 할 뿐 뽐내지 말고 그냥 할 뿐 자랑하지 말며 그냥 할 뿐 교만하지 마라. 그냥 어쩔 수 없이 싸울 뿐 강해지지 마라. 만물이 강성하면 곧 노쇠하게 되는 것이니 이는 도가 아니다. 도가 아니면 오래 가지 못한다.
>
> 이 도 좌 인 주 자 불 이 병 강 천 하 기 사 호 환 사 지
> 以道佐人主者 不以兵强天下. 其事好還. 師之
> 소 처 형 극 생 언 대 군 지 후 필 유 흉 년 선 자 과 이 이
> 所處荊棘生焉 大軍之後 必有凶年. 善者果而已
> 불 감 이 취 강 과 이 물 긍 과 이 물 벌 과 이 물 교 과 이
> 不敢以取强. 果而勿矜 果而勿伐 果而勿驕. 果而
> 부 득 이 과 이 물 강 물 장 즉 로 시 위 불 도 불 도 조 이
> 不得已 果而勿强. 物壯則老 是謂不道. 不道早已.

노자에 따르면 강대한 무력을 바탕으로 세상의 지도자가 되었다면 설사 되었다 하더라도 곧 그 자리에서 물러서게 된다. 이것이 바로 "그런 일은 되돌아오기 쉽다"의 의미이다. 왜냐하면 약소했던 상대가 곧 강대하게 변화하여 되갚음을 해오기 때문이다. 뿐만 아니라 강대함을 자랑하기 위해 전쟁을 하면 비옥한 농토가 황폐해지고 그에 따라 흉년이 들어 국민은 굶

주리게 된다. 그 때문에 어쩔 수 없이 전쟁을 하게 되는 경우라도 그냥 할 뿐, 상대보다 강대함을 뽐내며 상대를 약화시키지 말라는 것이다. 그냥 어쩔 수 없이 응대할 뿐 강대함을 자랑하며 나서지 말라는 것이다.

왜냐하면 모든 사물이 그렇듯 강성하게 되면 얼마 지나지 않아 노쇠하게 변화하기 때문이다. 그래서 설사 전쟁에서 이겼다 하더라도 승전고를 울리며 성대한 자축 파티를 하기 보다는 전쟁으로 죽거나 다친 사람들을 위해 장례식이나 위로의 자리를 마련하라고 하는 것이다. 이것이 바로 "참으로 전쟁을 잘하는 사람은 그냥 할 뿐, 강대해지려 하지 않는다."는 위 본문의 진정한 뜻이다.

이처럼 강한 척 드러내지 않으면서도 하지 않음이 없는 변화무쌍한 도의 작용을 제52장에서는 다음과 같이 어머니와 자식의 상호작용으로 설명하고 있다:

> 세상에는 시초가 있으니 이를 세상의 어머니로 삼는다. 그 어머니가 있음으로써 그 자식이 있음을 안다. 그 자식을 알고 다시 그 어머니를 수호한다면 몸이 없어져도 위태롭지 않다. 몸의 혈을 막고 몸의 문을 닫고 평생 일한 바가 없으며, 몸의 혈을 열고 일을 처리해도 평생 구제한 바가 없다. 작게 보이지만 날로 분명해지고 부

드러움을 지키면 날로 강해진다. 그 빛을 이용하여 다시 밝음으로 돌아오니 몸의 재앙을 남기지 않는다.

天下有始 以爲天下母. 既得其母 以知其子. 既知其子 復守其母 歿身不殆. 塞其穴閉其門 終身不勤, 開其穴 濟其事 終身不救. 見小日明 守柔日强. 用其光 復歸其明 無遺身殃.

어머니는 세상의 시작이자 무형의 에너지를 비유한 것이고 자식은 어머니가 낳은 유형의 에너지를 비유한 것이다. 이처럼 도는 무와 유가 서로 돌아가면서 상호작용을 하는 것이다. 위 본문 가운데 "몸의 혈을 막고 몸의 문을 닫고 평생 일한 바가 없으며"는 무형의 에너지인 어머니의 작용이다. 즉 어머니인 무의 작용은 겉으로 보기에는 마치 몸의 혈과 문을 닫고 아무것도 하지 않는 것처럼 보이지만 실제로는 끊임없이 변화무쌍한 유를 생산해냈다가 다시 무의 품으로 끌어안는다.

또 "몸의 혈을 열고 일을 처리해도 평생 구한 바가 없다."는 유형의 에너지인 자식의 작용을 말한다. 자식인 유의 작용은 겉으로 보기에는 온 몸의 혈과 문을 열고 모든 일을 순차적으로 처리하는 것 같지만 실제로는 처리한 모든 일이 다 이미 무형의 에너지로 돌아가고 없기 때문에 평생 구한 바가 없다고 한 것이다. 무와 유의 작용은 이처럼 하되 한 바가 없고, 하지 않되 하는 무와 유의 상호작용인 것이다.

어머니와 자식을 다른 말로 표현하자면 어머니는 보이지 않는 무, 즉 마음이요, 자식은 보이는 유, 즉 몸이다. 그런데 마음의 작용이 일어나서 몸이 그에 따라 작용을 해주기 때문에 비록 자식인 몸이 사라진다 하더라도 어머니인 마음은 사라지지 않는다. 그래서 "그 자식을 알고 그 어머니를 수호한다면 몸이 없어져도 위태롭지 않고"는 마음만 철저히 지킨다면 비록 몸이 없어져도 아무 문제가 없다는 뜻이다.

또한 "그 빛을 이용하여 다시 밝음으로 돌아오니 몸의 재앙을 남기지 않는다"는 말의 뜻도 자식인 몸이 비록 없어졌다 하더라도 어머니인 마음이 그대로 남아 있으므로 다시 새 몸으로 태어날 수 있다는 것이다. 마음인 어머니와 몸인 자식의 상호작용은 그래서 "작게 보이지만 날로 분명해지고 유연함을 지키면서 날로 강건해"지며 영원히 지속되는 것이다. 어머니가 수많은 자식을 낳듯이 무형의 마음에서 나온 유형의 몸들은 끊임없이 변화하다가 다시 무형의 마음인 어머니로 돌아간다. 도는 이처럼 시공을 초월하여 지금 여기에서 여실히 작용하고 있는 것이다.

위 본문에서 말하는 어머니와 자식의 관계를 아버지와 아들의 관계로 비유할 수도 있다. 실제로 많은 기독교인들이 하느님을 아버지라 부르고 자식을 아들로 부르고 있지 않은가? 물론 이에 대해 이론을 제기하는 사람들이 많겠지만 아버지든지 어머니든지 자녀를 낳고 돌보는 어버이라는 공통점이 있다. 그 때문에 무와 유의 관계를 부와 자로 비유하든 모와 녀로 비유하든 상관이 없는 것이다.

한편 제55장에서는 두터운 덕을 품은 도인을 갓 태어난 아기에 비유하여 다음과 같이 표현하고 있다:

> 덕을 두텁게 품은 존재는 갓 태어난 아기로 비유된다. 갓 태어난 아기는 독한 벌레도 쏘지 않고 사나운 짐승도 움키지 않고 무서운 새도 채가지 않는다. 뼈가 약하고 근육도 물렁하지만 쥐는 힘은 세다. 암수의 교합은 모르지만 생식기능은 활발하여 정력이 극에 달한다. 온종일 소리를 질러도 목이 쉬지 않으니 화합력이 극에 달한다.

> 함덕지후 비어적자 독충불석 맹수불확 지조
> 含德之厚 比於赤子. 毒蟲不螫 猛獸不攫 鷙鳥
> 불박 골약근유이악고 미지빈모지합이최작 정
> 不搏. 骨弱筋柔而握固. 未知牝牡之合而朘作 精
> 지지야 종일호이불사 화지지야
> 之至也. 終日號而不嗄 和之至也.

갓 태어난 아기는 작고 여리다. 하지만 하루하루 또렷해진다. 또한 갓 태어난 아기는 어디를 잡아도 부드럽고 약하다. 그러나 쥐는 힘, 즉 악력은 놀랄 만큼 세고 정력과 화합력도 극에 달할 만큼 강하다. 그 때문에 독한 벌레도 다가가서 쏘지 않고 호랑이 같이 사나운 짐승도 접근하여 움켜쥐지 않고, 독수리처럼 무서운 새도 내려와 채가지 않는 것이다.

작은 것이 도리어 크고 유약한 것이 오히려 강건하다는 역설의 도리는 이처럼 갓난아기를 통해서도 알 수 있다. 이 역설을 뒤집어 보면 큰 것은 작아지고 강건한 것은 오히려 유약해진다는 변화의 도리이다. 그런 의미에서 위 본문은 제52장의 "작게 보이지만 날로 분명해지고 유연함을 지키니 날로 강건해진다."는 도의 변화를 확인해주고 있다고 하겠다.

이처럼 변화무쌍한 도리는 앞의 통째로 보기에서 인용한 바 있는 제58장의 다음 대목에서 다시 한 번 확인할 수 있다:

> 화는 복이 기대고 있는 것이고 복은 화가 웅크리고 있는 것이다. 극단이 바르지 않음을 누가 알겠는가? 바른 사람이 다시 바르지 않게 되고 착한 사람이 다시 악하게 되는 이 미혹한 인생이 그 얼마나 오래되었는지!

화 혜 복 지 소 의 복 혜 화 지 소 복 숙 지 기 극 기 무
禍兮 福之所倚 福兮 禍之所伏. 孰知其極其無

정 야 정 복 위 기 선 복 위 요 인 지 미 야 기 일 고 구
正邪? 正復爲奇 善復爲妖 人之迷也 其日固久!

화와 복, 선과 악, 미와 추, 생과 사 등을 논할 때 우리는 어느새 한쪽 극단에 치우쳐 있음을 발견하게 된다. 그래서 복은 받아들이면서 화는 배제하고 선은 취하면서 악은 버린다. 또 아름다움은 좋아하고 추함은 싫어하며 생을 택하고 죽음을 멀리 한다. 하지만 빛이 있으면 그림자가 따르기 마련이듯 화와 복, 선과 악, 미와 추, 생과 사는 동전의 양면 같이 늘 서로를 받쳐준다. 이는 자음이 있어야 모음이 있고, 앞이 있어야 뒤가 있고 입학이 있어야 졸업이 있는 것처럼 서로 평등하게 돌아가는 것이다.

그 때문에 음과 양처럼 전혀 반대되는 극단도 이를 상호 변화하는 통합적 관점에서 보면 사정이 다르다. 예를 들어 흔히 남자를 양으로 보고 여자를 음으로 보지만 어머니와 아들의 경우가 되면 어머니가 양이고 아들은 음으로 변화한다. 설사 남성과 여성으로 그대로 있다 하더라도 경우에 따라 여성이 양이고 남성이 음일 수도 있다. 생리학적으로 남성에게는 남성 호르몬만 있는 게 아니라 여성 호르몬도 있고 여성에게도 여성

호르몬과 남성호르몬이 있기 때문이다. 그래서 어떤 여성은 남성보다 더 적극적이고 어떤 남성은 여성보다 더 소극적일 수 있다. 또한 젊었을 때 여성이 비교적 소극적이었으나 나이가 들면 적극적으로 변하는 반면, 젊었을 때 능동적이었던 남성이 나이가 들어 수동적으로 바뀌기도 하는 것이다.

이를 다시 음양으로 표현하자면 음 안에 또 음과 양이 있고, 양 안에 또 음과 양이 있어 음이 다시 음과 양을 낳고 양이 다시 양과 음을 낳는 것이다. 즉 무극이 태극을 낳고 태극이 음과 양을 낳지만, 음은 다시 태극과 무극으로 돌아갔다가 또 다시 태극이 되어 음과 양을 낳는다. 양 또한 마찬가지로 태극과 무극으로 돌아갔다가 또 다시 태극이 되어 음과 양을 낳는 것이다. 이는 헤겔의 변증법에서처럼 정正과 반反이 합하여 합습이 되지만 그 합이 다시 정으로 변하여 반을 부르고 다시 합해지는 이치와 흡사한 점이 있다.

이처럼 도는 잠시도 멈춰서있지 않고 끊임없이 변화한다. 텅 비어 있는 듯 보이지만 그 안에서 온갖 것들이 잔뜩 돌아가고 있는 것이다. 도는 이렇게 무에서 유로 나왔다가 다시 무로 돌아가고, 어머니에서 자식으로 나왔다가 다시 어머니에게로 돌아간다. 이는 마음에서 몸으로 나왔다가 몸이 다시 마음으로 돌아가는 것과 마찬가지이다.

그러므로 도인은 일반 사람이 파악하기가 쉽지 않다. 도인은 평탄한 길을 걸을 때도 마치 얇은 얼음물 위를 걸어갈 때처럼 주저하며 머뭇거리고, 성인이면서도 갓난아기처럼 작고 연약하기도 하다. 또한 잔치를 벌이고 명승지를 유람하는 잘난 사람들과 달리 도인은 멍청하고 답답한 바보 같기도 하다. 도인은 비록 전쟁에서 이겼다 하더라도 승전고를 울리며 전쟁의 승리를 자축하지 않는다. 부득이하여 전쟁을 했고 그 결과 어찌어찌 승전은 했다 하더라도 도인은 마치 패전한 사람처럼 슬픈 얼굴로 장례식과 위로연을 치르는 것이다.

이처럼 도는 고진감래苦盡甘來처럼 쓴 맛이 다하면 단 맛이 오고, 흥진비래興盡悲來처럼 즐거움이 다하면 슬픔이 온다. 또 전화위복轉禍爲福과 새옹지마塞翁之馬처럼 화가 복이 되고 복이 화가 되면서 끊임없이 변화하며 돌아간다. 도는 마치 상류 계곡을 흐르는 물처럼 낮은 곳으로 흐르면서 멈추는 듯 하다가 다시 흐른다. 직선으로 가다가 문득 구불구불 돌아서 가고, 돌아가다가 다시 직선으로 흘러가며 중류와 하류를 이루며 흘러가다가 마침내 바다로 들어가는 것이다.

바다로 흘러들어간 물도 가만히 있지 않는다. 해수면의 물이

증발하여 구름을 만들고 구름은 다시 뭉치고 뭉쳐 비가 되어 산과 들에 내린다. 높은 산에 내린 빗물은 흙 속에 들어가 쌓이고 쌓여 상류의 샘물이 되고 샘물은 다시 계곡물이 된다. 계곡물은 또 시냇물과 강물로 흐르고 흘러 바닷물이 되는 것이다.

이 같이 한시도 멈추지 않고 변화하는 도를 우리가 일상생활에서 활용할 수만 있다면 더 이상 좋은 일은 없을 것이다. 예를 들어 우리에게 병이나 고통스러운 일이 닥쳐왔을 때 올 만하니까 온 것이라고 담담히 받아들인 후, 이 또한 변화될 것이라고 굳게 믿고 마음 깊은 곳에서부터 홀가분하게 흘려보낼 수 있다면 병은 조만간 나아 건강하게 될 것이고 고통스러운 일은 곧 해결될 것이다.

사실 우리에게 다가온 어떤 병고나 액난이라도 시간이 지나면 사라져가게 되어있다. 모든 상황은 시시각각 변화하고 있기 때문이다. 밤이 가면 낮이 오고 낮이 가면 밤이 오는 것처럼 말이다. 그럼에도 불구하고 많은 사람들은 고통 속에서 신음하고 허우적대고, 심지어 절망의 나락에 빠지기도 한다.

하지만 만약 우리에게 괴롭고 어려운 상황이 닥쳐오는 그 순간, 즉시 마음 깊은 곳에서부터 그 상황도 조만간 변하여 사라진다는 굳은 믿음이 있다면 어떤 상황에서도 편안할 수 있다.

또한 만약 우리가 모든 것은 변화하고 있다는 진실을 확실히 받아들인다면 칠흑 같은 밤에도 두려워하지 않을 수 있는 것이다. 그 때문에 변화에 대한 굳은 믿음을 가진 사람은 어떤 병고나 액난 가운데서도 무서워하지 않고 편안할 수 있는 것이다.

또한 설사 건강하고 복된 일이 무더기로 생긴다 하더라도 그 상태가 앞으로도 계속되리라고 자만하면서 너무 좋아하지 말아야 한다. 호사다마好事多魔나 흥진비래興盡悲來라는 말도 있듯이 좋은 일 뒤에는 반드시 나쁜 일이 오게 되어 있기 때문이다. 그렇다고 곧 바로 언짢고 슬픈 일이 닥칠까봐 전전긍긍하라는 말은 아니다. 이는 반에서 일 등을 한 학생이 계속 일 등을 유지해야 한다는 부담감으로 인하여 불안해하는 것처럼 바보 같은 짓이다.

그렇다면 어떻게 해야 할까? 만약 건강하고 행복한 상황이 우리에게 벌어졌다면 일단 감사하게 받아들이고 잠시 음미한 후, 그 건강과 행복도 언제나 머물러 있지 않고 조만간 사라질 것임을 알고 흘려보내면 된다. 그러면 그 즉시 마음이 들뜨지 않고 차분해지면서 편안할 수 있을 것이다. 이처럼 비록 우리에게 기쁜 일이 닥쳤다 하더라도 기뻐서 날뛰기보다 한 걸음

물러서서 다른 사람의 기쁨을 즐거워하듯 거리를 유지한다면, 설사 그 기쁨이 사라진다 해도 낙담하는 일은 없을 것이다.

요컨대 잘했든 못했든 모든 것을 원점으로 돌려놓고 이제 막 출발하는 초심의 마음으로 자세를 가다듬으면 된다. 이처럼 언제 어디에도 머무르지 않는 변화무쌍한 삶을 살 수 있다면 누구라도 노자로 살아가는 맛을 볼 수 있다.

산수문전[山水文塼]
산수화가 새겨진 백제시대의 벽돌.

자연스럽게 살기

노자의 철학을 넉자로 말한다면 무위자연無爲自然이다. 무위無爲는 하지 않는 함으로, 이에 관해서는 앞의 엉뚱한 뒤집기와 통째로 보기, 및 끊임없이 변화하기에서 얼만큼 다루었다. 물론 자연自然에 관해서도 엉뚱한 뒤집기와 통째로 보기, 및 끊임없이 변화하기에서 부분적으로 언급하기는 했다. 하지만 자연 및 자연스러운 삶에 대해서는 본 챕터인 자연스럽게 살기에서 가장 많이 다루어질 것이다.

노자가 강조하는 자연스럽게 사는 삶은 우선 자연에서부터 배우는 생활이다. "산은 우리에게 산처럼 살라 하고 물은 우리에게 물처럼 살라한다."라는 말이 있는 것처럼 자연을 따라 사는 것이다. 사실 산과 물뿐만 아니라 나무와 꽃, 바람과 돌멩이 등등 모든 자연물은 늘 우리에게 자기들처럼 살라고 가르쳐준다.

그러므로 『노자』 제25장의 다음 구절에서처럼 사람은 자연을 본받아 살아가지 않으면 안 된다:

> 사람은 땅을 본받고 땅은 하늘을 본받고 하늘은 도를 본받고 도는 자연을 본받는다.
>
> 인 법 지 지 법 천 천 법 도 도 법 자 연
> 人法地 地法天 天法道 道法自然.

하늘과 땅, 바람과 흙, 불과 물, 그리고 온갖 나무와 꽃, 셀 수 없이 많은 짐승과 곤충, 산과 골짜기, 호수와 늪 등 대자연을 본받아 사는 삶이 바로 노자 식 생활인 것이다. 왜냐하면 도는 자연을 본받기 때문이다. 많은 자연물 가운데서도 나무는 노자가 자주 비유하는 자연물이다. 나무의 뿌리는 보이지 않으나 보이는 줄기와 가지와 잎의 근본인 도이기 때문이다. 그래서 앞 챕터인 통째로 보기에서도 수공을 가하지 않은 통나무, 즉 원목에 관해 많은 언급이 있었다.

하지만 『노자』에 가장 많이 등장하는 자연물은 제8장에서 다

음과 같이 설명하고 있는 물이다:

> 최상의 선은 물과 같다. 물은 만물을 모두 이롭게 할 뿐 다투지 않는다. 물은 많은 사람들이 싫어하는 곳에 있기 때문에 도에 가깝다. 또한 물은 선한 곳에 살며 선한 연못과 같은 마음으로 선한 인자함을 베풀고 선한 믿음의 말을 한다. 또 선한 정치를 하고 선한 능력으로 일을 하고 선한 때에 움직인다. 물은 다투지 않기 때문에 허물이 없다.
>
> 상선약수 수선리만물이불쟁 처중인지소오
> 上善若水. 水善利萬物而不爭. 處衆人之所惡
> 고기어도 거선지 심선연 여선인 언선신 정선
> 故幾於道. 居善地 心善淵 與善仁 言善信. 政善
> 치 사선능 동선시 부유불쟁 고무우
> 治 事善能 動善時. 夫唯不爭 故無尤.

물은 항상 아래로 흐른다. 움푹한 곳이 있으면 채운 뒤에 흘러가고 장애물이 있으면 돌아서 갈 뿐 그 어느 것과도 싸우지 않는다. 이처럼 물은 모든 만물만생을 이롭게 할 뿐 결코 다투지 않는 것이다. 보통 사람들은 대부분 높고 환한 위를 좋아하지, 낮고 어두운 아래를 좋아하지 않는다. 하지만 물은 사람들이 싫어하는 낮고 어두운 곳에 살면서, 마치 늪이 많은 생명들을 보듬듯 만물만생을 촉촉하게 품어 준다. 이처럼 도인은 언제나 물처럼 낮은 곳에 임하면서 늪과 같은 마음으로 뭇 사람들을 보듬는 것이다.

물과 같은 도를 따르는 도인은 모든 사람들에게 인자함을 베풀고 믿음의 말을 하고 모두를 아우르는 정치를 한다. 무엇보다 도인은 만물만생의 때를 기다려 함께 움직인다. 만물만생이 움직이는 때는 각각 다르기 때문이다. 이처럼 노자의 자연은 아래로 흘러가는 골짜기의 물이요, 늪 속의 물이요, 강과 바다의 물인 것이다. 요컨대 자연스럽게 산다는 말은 물처럼 말없이 아래로 흘러가면서 모든 생명을 살린다는 뜻이다.

제17장은 물처럼 말없이 저절로 도를 실천하는 도인의 자연스러운 다스림을 다음과 같이 말하고 있다:

> 최상의 도인은 민중이 그가 있는 줄도 모른다. 차상의 지도자는 민중이 친근감을 느끼며 예찬한다. 그 다음의 지도자는 민중이 두려워하거나 우습게 여긴다. 믿음이 부족하면 불신이 생긴다. 유유히 말을 아끼면서도 공을 이루고 일을 성사시키니, 민중이 모두 나를 자연스럽다고 한다.
>
> 태상 불지유지 기차 친지예지 기차 외지모지
> 太上 不知有之. 其次 親之譽之. 其次 畏之侮之.
> 신부족 유불신 유혜기귀언공성사수 백성개위
> 信不足 有不信. 悠兮其貴言功成事遂 百姓皆謂
> 아자연
> 我自然.

위 본문에 따르면 최상의 지도자는 바로 도인이고 또 나(노자 자신)이다. 나는 말보다는 실천을 중시한다. 그래서 꼭 필요한 말만 할 뿐 결코 많은 말을 하지 않는다. 도인은 물처럼 흐르고 공기처럼 떠돌며 양분과 산소를 주기 때문에 국민은 그가 존재하는 줄도 모를 지경이다. 원래 말을 많이 하면 실수하게 되고, 그로 인해 믿음이 부족하게 되고 그 결과 불신이 생기는 것이다.

그 때문에 도인은 나무의 뿌리처럼 말없이 줄기와 잎을 무성하게 하여 많은 사람들을 편안히 쉬게 할 뿐, 많은 말을 하지 않는다. 말을 많이 하지 않으면서도 행동은 민첩하여 민중에게 필요한 일은 바로 착수하여 성사시키는 것이다. 바로 이 같은 도인의 삶이야말로 자연스런 삶이다.

하지만 사람은 사회적 존재로 말을 하지 않고 살 수는 없다. 다만 말을 할 때 지나치게 길고 복잡하게 꾸미고 지어내는 것이 문제일 뿐이다. 원래 말을 지나치게 길게 하게 되면 꾸미고 싶은 마음이 들고, 그런 마음이 들면 어느새 자기를 내세우며 뽐내는 마음과 이익을 추구하는 마음이 생기게 된다.

그 때문에 제23장의 첫머리에서 다음과 같이 말수가 적은 과묵함의 자연스러움을 찬미하고 있다:

말수가 적은 말이 자연스럽다.

희 언 자 연
希言自然.

말수가 적은 말이란 단순하고 수식이 없는 말을 뜻한다. 말하는 사람이나 듣는 사람이 하나로 소통하는 편안한 말은 서로에게 유익하고 그래서 자연스러운 말이 되는 것이다. 만약 말을 하는 사람이 자신과 상대방을 따로 보고 자신의 의도를 관철시키기 위한 말을 한다면 이는 결코 단순하고 자연스러운 말이 될 수 없다. 하지만 만약 지도자가 말할 때 말수는 적지만 자신의 존재는 숨긴 채 민중의 복지를 위한 행동은 민첩하게 한다면 세상은 절로 다스려질 것이다. 이것이 바로 자연스러운 다스림이다.

제32장의 다음 구절은 지도자가 그와 같은 도를 지킬 때 자연스럽게 다스려지는 과정을 다음과 같이 묘사하고 있다:

임금이 만약 도를 지킬 수 있다면 만물이 스스로 귀순하고, 하늘과 땅이 스스로 화합하여 감로수를 내리며, 명령 없이도 민중이 스스로 균등해진다.

후 왕 약 능 수 지 만 물 장 자 빈 천 지 상 합 이 강 감 로
侯王若能守之 萬物將自賓 天地相合 以降甘露,

민 막 지 령 이 자 균
民莫之令而自均.

위 본문에 따르면 지도자가 도를 지키면 천지만물이 모두 화합하여 스스로 내릴 건 내려주고 올릴 건 올려준다는 것이다. 그래서 지도자 한 사람만 도를 구현할 수 있다면 만물만생, 즉 산천초목과 동식물이 다 스스로 구순해지고, 많은 사람들도 스스로 적재적소에서 균형을 이루며 평등해진다고 하는 것이다. 이처럼 도는 마치 계곡물이 낮은 곳으로 흐르면서 모든 생명을 감싸 안고 강을 거쳐 마지막으로 바다로 들어가는 것과도 같이 저절로 자연스럽게 흘러간다.

반면에 지도자가 도를 지키지 못하고 많은 말을 하며 자신의 치적을 내세우면 그 아래에 있는 많은 관리들도 경쟁적으로 많은 말을 하며 자신의 공을 드러내려고 애쓸 것이다. 그렇게 되면 그 밑에 있는 뭇 백성들도 각자 자기들의 이익을 위해 목소리를 높이며 서로에게 날을 세우면서 화합하지 못한다. 이는 마치 역류하는 물처럼 불안하고 부자연스럽기 짝이 없는 일이다. 그 때문에 노자는 『도덕경』 곳곳에서 도와 덕은 역류하는 물이 아니라 자연스럽게 흘러가는 물임을 강조한다.

제51장에서는 만물만생을 낳고 기르는 자연스럽고 신비한

도와 덕의 작용을 이렇게 표현하고 있다:

> 도는 만물을 낳고 덕은 만물을 기르며 물질은 만물에게 형체를 주고 기운은 만물을 형성시킨다. 그러므로 만물은 도를 존숭하고 덕을 귀중히 하지 않음이 없다. 도와 덕의 존귀함이란 하지 않음으로써 항상 저절로 이루어지게 하는 것이다. 그 때문에 도가 만물을 낳고 덕이 만물을 기르고 자라게 하여 안정시키고 양성하며 감싸준다. 태어나게 하고도 소유하지 않고 해주고도 기대하지 않으며, 자라게 하고도 간섭하지 않으니 이를 신비스러운 덕이라고 부른다.
>
> 도생지 덕축지 물형지 세성지 시이만물막불
> 道生之 德畜之 物形之 勢成之. 是以萬物莫不
> 존도이귀덕 도지존 덕지귀 부막지위이상자연
> 尊道而貴德. 道之尊 德之貴 夫莫之爲而常自然.
> 고도생지 덕축지 장지육지 형지독지 양지복지
> 故道生之 德畜之 長之育之 亨之毒之 養之覆之.
> 생이불유 위이불시 장이불재 시위현덕
> 生而不有 爲而不恃 長而不宰 是謂玄德.

위 본문에 따르면 비록 물질이 만물에게 형체를 주고 기운이 만물을 형성시키지만, 물질이나 기운보다 더 앞선 것은 도와 덕이라고 한다. 그 때문에 만물을 낳고 기르는 도와 덕을 존귀하게 여기지 않으면 안 된다는 것이다. 도와 덕이 존귀한 까닭은 도와 덕이 만물을 태어나게 하고 양육한 장본인이면서도 절대로 만물을 소유하거나 멋대로 쥐락펴락하지 않기 때문이다.

이 같은 태도를 위 본문에서는 도와 덕이 "하지 않음으로써 항상 저절로 이루어지게 하는 것"이라고 설명한다. 이는 바로 노자의 핵심 사상인 '무위자연'을 단적으로 보여주는 구절이다. '무위'는 하지 않는 것 같지만 하지 않음이 없이 다 하는 것이고, '자연'은 강제나 억지로 하는 것이 아닌 저절로 그렇게 됨을 의미하기 때문이다.

또한 위 본문은 도와 덕이 눈에 보이지 않는 마음의 표현이라면 물질과 기운은 눈에 보이는 몸의 표현이라고 한다. 그래서 도道와 덕德이라는 속마음의 에너지가 겉몸으로 드러나는 것을 물物과 기氣로 묘사하고 있다. 보이지 않는 도와 덕이 만물을 낳고 기름으로써 보이는 만물의 형체가 형성되어가는 것이다. 『노자』를 『도덕경』이라 부르고 노자의 사상을 형이상학이라고 말하는 것은 노자가 이처럼 몸보다는 마음, 보이는 물질보다는 보이지 않는 정신을 중시하기 때문이다.

그렇다고 해서 노자가 물질을 정신의 하위에 놓거나 몸을 마음의 하위에 놓고 무시한 것은 아니다. 사실 보이는 몸과 보이지 않는 마음은 동전의 양면처럼 통째로 돌아가는 것이지 따로따로 돌아가며 높고 낮음이 구분되는 것이 아니다. 그래서 노자의 삶에서는 사소한 것과 중대한 것이 따로 없다. 오히려 중대한 것이 사소한 것을 지배하기보다 사소한 것이 중대한 것을 좌지우지하는 편이다.

제64장에서는 일상의 사소한 것에서 출발하여 끝까지 신중을 기하는 자연스러운 삶을 다음과 같이 묘사하고 있다:

> 안정된 것은 유지하기 쉽고, 징조가 나타나지 않은 일은 처리하기가 쉽다. 부드러운 것은 섞어놓기 쉽고 미세한 것은 흩트리기 쉽다. 그래서 일이 나기 전에 수습하고 어지러워지기 전에 다스리는 것이다. 아름드리나무도 털끝만한 싹에서 나오고 구층의 누대도 한 삼태기의 흙으로부터 세워진다. 천리 길도 한 발자국에서 시작된다. 인위적으로 하는 자는 실패하고 집착하는 자는 잃는다. 이와 같이 성인은 하지 않음으로 하기 때문에 실패가 없고, 집착하지 않기 때문에 잃지 않는다. 많은 사람들이 일을 하다가 거의 성공할 무렵에 실패한다. (하지만 성인은) 시종 신중하기 때문에 일을 그르치는 법이 없다. 그러므로 성인은 욕심 없기를 바라고 얻기 어려운 재화를 귀히 여기지 않으며, 배우지 않음을 배운다. 또한 많은 사람들이 소홀히 지나치는 것(도)으로 돌아와 만물의 자연성을 도울 뿐, 인위적인 일을 하지 않는다.

기안이지 기미조이모 기취이반 기미이산 위
其安易持 其未兆易謀. 其脆易泮 其微易散. 爲
지어미유 치지어미란 합포지목 생어호말 구층
之於未有 治之於未亂. 合抱之木 生於毫末 九層
지대 기어누토 천리지행 시어족하 위자패지 집
之臺 起於累土. 千里之行 始於足下. 爲者敗之 執
자실지 시이성인무위고무패 무집고무실 민지
者失之. 是以聖人無爲故無敗 無執故無失. 民之

종사 상어기성이패지 신종여시 즉무패사 시이
從事 常於幾成而敗之. 愼終如始 則無敗事. 是以
성인욕불욕 불귀난득지화 학불학 복중인지소
聖人欲不欲 不貴難得之貨 學不學. 復衆人之所
과 이보만물지자연 이불감위
過 以輔萬物之自然 而不敢爲.

위 본문에 따르면 성인, 즉 도인은 하지 않는 것처럼 보이지만 모든 일을 자연스럽게 잘 한다. 왜냐하면 문제가 생겨서 일이 크게 벌어지기 전에 작은 일부터 소리 없이 척척 처리하기 때문이다. 또한 도인은 상황이 변하면서 심각하게 불거지기 전에 일을 조용히 해결한다. 이는 바로 위 본문의 첫머리인 "안정된 것은 유지하기 쉽고 징조가 나타나지 않은 일은 처리하기 쉽다. 부드러운 것은 섞어놓기 쉽고 미세한 것은 흩트리기 쉽다."의 의미이다. 또 "아름드리나무도 털끝만한 싹에서 나오고 구층의 누대도 한 삼태기의 흙으로부터 세워진다."의 뜻이기도 하다.

많은 사람들은 일을 거창하게 벌이기를 좋아하고 값비싼 물건에 대해서나 가족과 친지에 대해서 지나친 애정을 갖는다. 하지만 어떤 일을 인위적으로 크게 벌이면 실패하기 쉽다. 또 물건이나 사람에 지나치게 집착하면 도리어 그 물건이나 사람을 모두 잃게 된다. 그래서 도인은 큰일보다는 작은 일에 착수하고, 그것도 인위적으로 하지 않고 자연스럽게 하기 때문에 실패하지 않는다. 또한 애초에 값비싼 물건 또는 가족과 친지에게 집착하지 않기 때문에 잃는 일도 없다. 왜냐하면 도인은 애시 당초부터 비싼 물건이나 가족과 친지를 소유하려는 욕심이 없기 때문이다. 또한 도인은 비록 많은 지식을 배워도 그 지식에 집착하여 쌓아두지 않고 언제나 무위자연의 도로 돌아와 물처럼 저절로 흘러가기 때문에 그 많은 지식을 잃어버리는 일도 없다.

제74장은 이 같은 무위자연의 도리가 일상생활뿐만 아니라 악독한 정치지도자의 처리에도 적용됨을 다음과 같이 보여주고 있다:

> 민중이 죽음을 두려워하지 않는다면 정치지도자가 어떻게 그들을 죽음으로 위협할 수 있을 것인가? 만약 지도자가 민중으로 하여금 죽음을 무서워하게 하여 나쁜 짓을 하게 한다면 그를 잡아서 죽여야 하는데, 누가 감히 죽일 수 있겠는가? 죽이는 일을 담당하는 자가 죽여야 한다. 그러나 누군가가 죽이는 일을 담당하는 자를 대신하여 죽인다면 이는 목수를 대신하여 나무를 베는 꼴이다. 대개 목수를 대신하여 나무를 베는 사람치고 손을 다치지 않 는 경우는 드물다.

민 불 외 사　내 하 이 사 구 지　약 사 민 상 외 사 이 위 기
民不畏死 奈何以死懼之? 若使民常畏死而爲奇

자 오득집이살지 숙감 상유사살자살 이대사살
者 吾得執而殺之 孰敢? 常有司殺者殺. 而代司殺
자살 시대대장착 부대대장착자 희유불상기수
者殺 是代大匠斲. 夫代大匠斲者 希有不傷其手
의
矣.

원래 도인은 자기 자신뿐 아니라 민중에게도 삶과 죽음의 분별을 버리고 자연스런 삶과 죽음을 살게 하므로, 도인뿐 아니라 도인이 다스리는 백성도 죽음을 그다지 두려워하지 않는다. 이처럼 백성이 죽음을 두려워하지 않는다면 어떤 정치지도자도 이들을 죽이겠다고 협박하여 이들에게 악한 일을 시킬 수 없는 것이다.

하지만 만약 정치지도자가 자기의 야망을 이루기 위하여 민중으로 하여금 삶을 좋아하게 하는 반면 죽음을 무서워하게 만들고, 이를 이용하여 이들에게 흉악한 일을 시킨다면 어떻게 할 것인가? 노자는 이처럼 악독한 정치지도자를 처단하긴 해야 하지만 그렇다고 아무나 함부로 죽여서는 안 된다고 말한다. 아무리 악독한 자라 하더라도 죽일 때는 반드시 죽일 권한이 있는 자가 죽여야 한다는 것이다.

그렇다면 악독한 사람을 죽일 권한이 있는 자는 누구인가? 비록 위 본문에는 나와 있지 않지만 사필귀정事必歸正, 인과응

보因果應報라고 죽을죄를 지은 사람은 자연히 죽게 되어 있다. 그럼에도 불구하고 사람들이 인위적인 판단을 내리고 악독한 사람을 죽인다면 이는 목수가 아닌 사람이 멋대로 나무를 베는 것과 마찬가지로 죽이는 사람도 손을 다치게 된다는 것이다. 그러므로 설사 죽을죄를 지었다 하더라도 그를 아무나 함부로 죽일 수는 없다.

자연스럽게 산다는 것은 마치 시계바늘이 가듯 묵묵히 천천히 가는 삶이다. 그 때문에 겉보기에는 강대하기보다 약소해보이고 견강하기보다 유약해 보이는 삶이다. 하지만 부드럽고 약한 것이 강하고 단단한 것을 이긴다. 또한 약소한 것이 강대한 것보다 더 오래 더 끈질기게 견디는 법이다.

제76장에서는 바로 이 같은 자연의 법도를 다음과 같이 비유하고 있다:

> 사람이 태어나면 부드럽고 약하지만, 죽으면 딱딱하고 강하다. 초목도 살아있을 때는 유연하지만 죽으면 마르고 굳어진다. 그러므로 유약한 것은 삶의 무리요, 견강한 것은 죽음의 무리이다. 군대가 강하면 멸망당하고 나무가 강하면 꺾인다. 그 때문에 강대한 것이 아래고 유약한 것이 위이다.

인 지 생 야 유 약 기 사 야 견 강 초 목 지 생 야 유 취
人之生也柔弱 其死也 堅强. 草木之生也柔脆

기 사 야 고 고　고 유 약 자 생 지 도 견 강 자 사 지 도　시 이
其死也枯槁. 故柔弱者生之徒堅强者死之徒. 是以
병 강 즉 멸　목 강 즉 절　강 대 처 하　유 약 처 상
兵强則滅 木强則折. 强大處下 柔弱處上.

노자는 원래 삶과 죽음도 나눠서 보지 말고 통째로 보아야 하고, 생을 좋아하고 사를 싫어하지 않아야 한다고 보고 있다. 하지만 실제로 많은 사람들은 삶을 좋아해서 오래 살기를 바라고 죽음을 싫어해서 일찍 죽는 걸 꺼린다. 위 본문은 바로 그런 많은 사람들의 차원에 맞춰서 씌어졌다고 할 수 있다. 즉 누구나 좋아하는 삶은 부드럽고 연약하지, 죽음처럼 딱딱하고 견강하지 않다. 그 때문에 유약한 것이 강대한 것을 이긴다는 것이다.

앞에서도 언급했지만 자연은 소리 없이 부드럽게 작용한다. 불도저가 와서 산을 밀어도 산은 가만히 있고, 강물의 흐름을 막고 보를 만들어도 강물은 가만히 당하고 있다. 꽃을 꺾으면 꽃은 순순히 꺾이고 나무를 베어도 나무는 그대로 베어진다. 하지만 이처럼 한없이 유약하고 수동적인 자연을 강대하고 능동적인 인공이 이겨내지 못한다. 태풍과 산사태, 화산과 지진 등 자연재해 앞에 인간은 속수무책으로 당하고 있지 않은가? 아무리 인공의 강대함을 자랑한다 하더라도 자연의 유약함 아래에 놓일 수밖에 없는 것이다.

그 때문에 『노자』 제80장에서는 가장 자연스러운 나라를 다음과 같이 영토가 작고 인구가 적은 약소국가로 보고 있다:

> 적은 인구를 지닌 작은 나라는 병기가 있어도 사용하지 않고 민중이 죽음을 중시하여 멀리 이사가지 않게 한다. 비록 배와 수레가 있어도 타지 않고, 갑옷과 무기가 있어도 벌여놓지 않는다. 민중으로 하여금 노끈을 묶어서 의사소통하던 시절로 돌아가게 한다. 제 땅에서 나는 음식을 달게 먹고 자기네 옷을 아름답게 입고 자기네 거처에서 편안히 살고 자기네 풍속을 즐기게 한다. 비록 이웃나라가 보이고 이웃나라의 닭과 개가 우는 소리를 들을 수 있다 하더라도, 민중은 늙어 죽을 때까지 왕래하지 않는다.

소국과민 사유십백지기이불용 사민중사이불
小國寡民 使有什伯之器而不用 使民重死而不

원사 수유주여 무소승지 수유갑병 무소진지 사
遠徙. 雖有舟輿 無所乘之 雖有甲兵 無所陳之. 使
민복결승이용지 감기식 미기복 안기거 락기속
民復結繩而用之. 甘其食 美其服 安其居 樂其俗.
린국상망 계견지성상문 민지로사 불상왕래
鄰國相望 鷄犬之聲相聞 民至老死 不相往來.

약하고 작은 것을 강하고 큰 것보다 자연의 도에 가깝다고 보는 노자로서는 강대국보다 약소국이 자연스러운 나라임은 당연한 귀결이다. 그래서 위 본문의 첫머리에 있는 대로 나라 안에 갑옷과 병기가 있어도 그것들을 갖추고 전쟁을 하지 않음도 다툼을 좋아하지 않는 노자로서는 당연한 귀결이다. 하지만 민중으로 하여금 죽음을 중시하여 멀리 이사 가지 않게 하고 배와 수레도 타지 않게 한다고 하는 대목에는 고개를 갸우뚱하게 된다. 삶과 죽음도 두려울 게 없다는 도인이 민중에게는 죽음을 두려워하게 하다니! 또한 민중에게 배나 수레를 타고 멀리 나가지 못하게 하다니!

더욱이 민중으로 하여금 문자가 아닌 노끈으로 의사소통을 하던 옛날로 되돌아가게 하는 대목에 이르러서는 의아하기까지 하다. 게다가 지도자라는 사람이 민중에게 오직 자기네 옷만 입고 제 땅 음식만 먹고 자기네 땅에서 살며 자기네 풍속만을 즐기게 하다니! 좀 지나친 것 같다. 마치 현대 중국의 소수

민족처럼 문명과는 거리를 두고 고립된 생활을 하는 원시인들 같으니 말이다.

또한 위 본문에 따르면 인접 국가와 국민을 바라볼 수 있고 그들이 기르는 닭과 개의 울음소리를 들을 수 있다 하더라도 죽을 때까지 국민으로 하여금 왕래하지 않게 한다고 하는데, 이는 분명 너무 심한 듯하다. 바로 이 점 때문에 적지 않은 학자들로부터 노자의 정치철학이 우중정치愚衆政治, 즉 백성을 우매하게 만들어 임금이 다스리기 쉽게 하려 한다는 비난을 받아왔다. 과연 정말 그랬을까?

이에 대해서는 다음과 같은 반론이 있다. 현대 중국의 학자 난화이진은 『노자, 그가 말하기를』에서 이 대목을 지방자치로 해석하고 있다. 그에 따르면 위 인용문에 나오는 "소국과민小國寡民"의 '소국'은 작은 나라가 아니라 작은 지방으로 봐야 한다고 한다. '국國'이 국가가 아니라 지방의 의미라는 것이다. 그에 따르면 이 대목은 노자가 어디까지나 지방분권과 지방자치를 말한 것이지 우중정치를 하라는 뜻이 아니라는 것이다.

하지만 '국'을 지방이 아닌 나라로 본다 하더라도 이 대목이 우중정치의 구실은 되지 못한다. 왜냐하면 『노자』 전편을 보면 민중만 멀리 나가지 못하게 한 것이 아니라 최고지도자인 임금 자신도 멀리 나가지 않았음을 알 수 있기 때문이다. 노자는 민중뿐 아니라 지도자도 배나 수레를 타고 멀리 다른 나라에 가서 권세를 확장하라고 하지 않는다.

또한 민중만 문자를 쓰지 못하게 하고 노끈을 묶는 방식의 소박한 의사소통으로 돌아가게 한 것이 아니다. 임금 자신도 번지르르한 문자를 앞세워 백성 위에 군림하지 않고 임금이 있는지 없는지도 모르는 단순한 의사소통을 하라고 한다. 이는 앞 챕터인 엉뚱한 뒤집기에서 인용한 바 있는 제47장의 다음 구절에서 그대로 확인할 수 있다:

> 문을 나서지 않아도 세상을 알고, 창문으로 올려다보지 않아도 하늘의 도를 안다. 나가는 곳이 먼 사람일수록 아는 것은 적다. 그러므로 성인은 가지 않아도 알고 보지 않아도 이름을 알고 하지 않아도 이룬다.
>
> 불출호 지천하 불규유견천도 기출미원 기지
> 不出戶 知天下 不闚牖見天道. 其出彌遠 其知
> 미소 시이성인불행이지 불견이명 불위이성
> 彌少. 是以聖人不行而知 不見而名 不爲而成.

도인은 이처럼 문밖으로 나서지 않고도 세상 돌아가는 이치를 알고, 창문을 열어 하늘을 올려다보지 않고도 하늘의 이치를 안다. 또한 수레나 배를 타고 제 나라를 떠나 멀리 나가지 않아도 다른 나라들의 상황을 파악한다. 그 때문에 임금이 직접 돌아다니며 외교를 하지 않고도 평화로운 국가관계를 유지할 수 있다. 도인인 지도자 자신이 그러하기 때문에 자신의 분신인 민중에게도 똑같이 하라고 말할 수 있는 것이다.

그러나 대통령이든 민중이든 간에 어렸을 때부터 그렇게 할 수는 없을 것이다. 아동기나 소년기 및 청·장년기에 제 집 문밖이나 동구 밖을 나서지 않고 어찌 세상 돌아가는 도리를 알며 다른 나라들을 돌아보지 않고 어찌 그 나라들의 형편을 이해할 수 있겠는가? 마땅히 책도 읽고 여행도 하고 국내외 많은 사람들과 교류도 해야 할 것이다. 아무리 깨달음의 씨앗을 품고 태어난다고 하지만 그 씨앗이 자라서 꽃을 피우고 열매를 맺기 위해서는 물과 양분과 햇빛이 필요하듯 사람도 태어나면 부모의 훈육을 받고 학교에 가서 선생님들께 배우고, 책도 읽고 많은 사람들과 대화도 해야 할 것이다.

실제로 나 자신과 이 세상을 제대로 알고 살아가기 위해서는 학교공부와 독서뿐만 아니라 견문을 넓히고 경험을 축적하기 위해 다른 나라로 유학을 가고 여행을 떠나기도 해야 한다. 공자도 열다섯에 공부에 뜻을 두고 경전을 읽고 여기저기 돌아다니지 않았는가? 심지어 불도를 닦는 승려들도 선방에 틀어박혀 결가부좌를 하고 참선만 하는 것이 아니라 바랑을 지고 만행萬行이라는 구도여행길에 나서지 않는가?

사마천의『사기』에 따르면 노자 자신도 초나라에서 태어났지만 고국에 머물러 있지 않고 다른 나라인 주나라에 가서 벼슬을 살았다. 또 주나라의 덕이 시들어가는 것을 본 노자는 벼슬을 놓고 주나라를 떠나 함곡관까지 갔다. 그곳에서 윤희를 만나 그의 간청으로 오천 글자의 말(『도덕경』)을 남긴 노자는 또다시 함곡관을 나가 멀리 떠났다. 이로 보아 노자 자신도『도덕경』제80장의 내용과 달리 고향인 초나라에 머물러 있지 않고 주나라뿐 아니라 함곡관과 그 밖의 다른 곳을 돌아다녔음을 알 수 있다.

또한 노자가 주나라에서 높든 낮든 어떤 벼슬을 하고 글을 남겼음을 볼 때 그 역시 청소년 시절에 글공부를 했을 것이다. 자신이 독학으로 글자를 깨칠 수도 있었겠지만 십중팔구는 선생님한테 배웠을 것이다. 이 역시 자신이 말한 "민중으로 하여금 노끈을 묶어서 의사소통하던 시절로 돌아가게 한다."는 제80장의 구절에 위배되는 사실이다.

뿐만 아니라 "배와 수레가 있어도 타지 않고…… 제 땅에서

나는 음식을 달게 먹고 자기네 옷을 아름답게 입고 자기네 거처에서 편안히 살고 자기네 풍속을 즐기게 한다. 비록 이웃나라가 보이고 이웃나라의 닭과 개가 우는 소리를 들을 수 있다 하더라도, 민중은 늙어 죽을 때까지 왕래하지 않는다."도 노자 자신의 행적과 모순된다.

하지만 공부가 무르익어 모든 바깥 공부가 자기 안으로 수렴되는 경지에 이르면 굳이 이런저런 책을 보고 바깥으로 떠돌지 않아도 된다. 또한 굳이 다른 나라에서 수입한 먹거리를 먹지 않아도 된다. 신토불이나 로컬푸드의 중요성이 새롭게 대두되고 있음을 볼 때 더욱 그렇다. 제80장의 위 대목은 바로 그와 같이 건강한 의식주를 영위하며 모든 것을 내면으로 성찰하며 다지는 삶을 노래한 것이다.

제13장의 다음 구절은 이처럼 모든 세상사를 자기 자신의 내면에 모아서 살아가는 사람을 다음과 같이 표현하고 있다:

> 그러므로 제 몸을 세상으로 삼아 귀히 여기는 사람에게는 세상을 맡길 수 있다. 제 몸을 세상으로 삼아 사랑하는 사람에게는 세상을 맡길 수 있다.

고 귀 이 신 위 천 하 자 가 이 기 천 하 애 이 신 위 천 하
故貴以身爲天下者 可以寄天下. 愛以身爲天下

자 가이기천하
者 可以寄天下.

위 본문에 따르면 자기의 몸 안에 세상을 담은 사람은 세상을 자기 몸과 동일시하기 때문에 이 세상을 맡길 수 있다고 한다. 왜냐하면 그런 사람은 세상이 곧 자기의 몸이기 때문에 세상을 제 몸처럼 사랑하지 않을 수 없고, 또 그렇기 때문에 세상을 제 몸 다루듯 잘 다스릴 수 있다는 것이다.

흔히 사람의 몸을 소우주라고 한다. 내 몸 안에 우주가 펼쳐져 있다는 뜻이다. 그 때문에 사람의 생명은 별의 생명과 같고, 하늘의 생명과 같고 땅의 생명과도 같다. 이는 사람이 별도 되고 하늘도 되고 땅도 된다는 뜻이다. 그렇기 때문에 내가 너도 되고 내가 우리나라도 되고 또 다른 나라도 되는 것이다. 뿐만 아니라 나는 곤충도 되고 미생물도 되고 세균도 되고 심지어 바이러스도 된다.

그래서 내 한 몸의 생명을 구석구석 꿰뚫어 안다면 온 세상도 꿰뚫어 알 수 있게 된다. 또한 내 몸 하나만 잘 다스리면 가정과 국가와 세계를 다 잘 다스릴 수 있다는 것이다. 『대학』에 나오는 수신제가치국평천하修身齊家治國平天下, 즉 제 몸을 잘 다스리면 집안이 정돈되고 나라가 다스려지고 온 세상이 평안해진다는 구절도 실은 이를 두고 하는 말이다.

노자가 말하는 도인은 이처럼 제 몸을 온 세상의 몸과 동일시하는 존재로, 그에게는 내 몸과 세상의 몸이 따로따로 있지 않다. 그 때문에 도인의 몸은 방에 앉아 있지만, 세상의 마음을 자기 마음으로 삼기 때문에 가까이 있는 것이든 멀리 있는 것이든 모두 듣고 보고 안다. 보고 듣고 알 뿐 아니라 앉아 있으면서도 세상 구석구석을 돌아다니면서 필요한 일을 처리할 수도 있는 것이다. 이것이 바로 노자가 말하는 무위자연의 정치인 동시에 무위자연의 생활이라고 할 수 있다.

요컨대 『노자』 제80장의 내용은 우여곡절의 만행 끝에 도를 깨달아 행할 수 있게 된 도인이 다스리는 이상적인 나라를 묘사한 것이지, 아동기나 청소년기의 젊은이들에게 주는 내용이 아니다. 다시 말해서 위에 인용한 "민중을 멀리 이사 가지 못하게 하고…… 문자가 아닌 노끈을 묶어 의사소통하게 하고…… 제 땅에서 나는 음식만 먹고……"는 방황과 시행착오의 청소년기가 아닌 장년기 또는 노년기의 깨달은 사람들에게 주는 메시지인 것이다.

그런 사람들이라면 굳이 많은 책을 읽고 많은 사람들을 사귀고 여기저기 나라 안팎을 여행하지 않아도, 자기 한 몸과 마음을 바라봄으로써 이 세상의 모든 것을 간파할 수 있다. 왜냐하면 사람의 몸 안에는 셀 수 없이 많은 세포와 미생물 등 생명들이 가득 차 있는데, 이 생명들은 쉬지 않고 서로서로 협동하며 전체 몸을 이끌어가기 때문이다. 뿐만 아니라 몸 안의 생명들은 또 털구멍을 통해 몸 밖 세상의 많은 생명들과도 서로 소통하며 세상을 이끌어가기 때문이다.

제13장의 "제 몸을 세상으로 삼아 귀히 여기는 사람에게는 세상을 맡길 수 있고, 제 몸을 세상으로 삼아 사랑하는 사람에게는 세상을 맡길 수 있다."는 바로 이를 두고 한 말이다. 그런 사람이라면 오고 감이 없이도 오고가면서 들리지 않는 소리를 듣고 보이지 않는 모습을 보고 알 수 있을 뿐만 아니라, 방에 가만히 앉아서도 가까이서 또는 멀리서 발생된 문제를 해결할 수도 있는 것이다.

그렇다고 하더라도 의문은 남는다. 과연 자기 집과 자기 마을을 떠나지 않고 자기 내면만 들여다봄으로써 이웃과 세상 돌아가는 이치를 알 수 있는 어른이 얼마나 있을까? 알 뿐만 아니라 행할 수 있는 사람은 또 얼마나 되겠는가? 아무리 생각해도 사소한 개인의 생활문제에서 굵직한 사회 정치 문제까지 제대로 파악하고 해결할 수 있는 사람들은 이 세상에 그리 많지 않은 것 같다. 그래서 항상 우리는 내가 아닌 다른 사람이나 전문가에게 의지해서 문제를 해결하려고 한다.

실제로 현대를 살아가는 인간은 나약하기 짝이 없는 존재임을 알려주는 것들이 너무도 많다. 의사의 도움으로 태어나서 부모와 도우미에 의해 양육되어 학교에 가면 교사에게 배우고 병이 나면 병원에 가서 의사의 도움을 받는다. 어른이 되어 직장에 가면 상사의 명령을 받는다. 밥을 먹기 위해서는 시장에 가서 식재료를 사거나 식당에 가야하고, 옷을 입으려면 옷가게에 가야한다. 그 뿐이 아니다. 태어나서 죽을 때까지 친구들, 친척들, 정치가들, 사회운동가들, 및 수많은 매체의 광고와 홍보의 영향도 피할 수 없다. 혼자서 할 수 있는 일은 거의 아무것도 없다고 해도 과언이 아니다. 태어나서 죽을 때까지 과연 자기가 자유롭게 할 수 있는 일이 얼마나 될 것인가?

이렇게 인간은 태어나면서 죽을 때까지 부모를 비롯하여 수많은 사람들의 도움을 받고 그들을 의지하고 있다. 사람뿐 아니다. 동물과 식물을 먹지 않고 흙을 밟지 않고, 물과 불 없이는 단 하루도 살 수 없다. 그 뿐이랴? 공기가 없어도 살 수 없고 태양이 없어도 살 수가 없는 것이다.

하지만 바로 그렇기 때문에 내 몸과 마음 안에 중심만 확고히 잡는다면 그 모든 것들이 내 몸과 마음과 하나로 돌아가고 있음을 깨닫게 된다. 물과 흙과 바람과 불, 바위와 온갖 풀과 꽃나무, 그리고 미생물과 곤충, 들짐승과 날짐승까지도 모두 내 몸과 마음을 통해 들고 나는 것을 믿게 되는 것이다.

원래 내 몸은 내 것이 아니라 수많은 생명들의 집합소이다. 내 몸은 내 것만이 아니라 내 몸을 이루고 있는 수많은 세포와 조직과 기관의 공동체이기 때문이다. 뿐만 아니라 공동체인 내 몸은 또 내 몸 밖의 수많은 다른 생명들과 유기적으로 연결되어 있다. 그래서 나는 나, 너는 너, 또는 사람은 사람, 식물은 식물, 동물은 동물 등으로 분리해서 보는 것은 옳지 않다. 그 때문에 자연스럽게 사는 사람의 몸은 마치 맑은 거울과 같아서 몸 안팎의 모든 생명체를 그대로 비춰주어 하나로 통합시킨다.

도인의 몸은 이 같이 맑은 거울처럼 몸 안팎의 수많은 생명체들을 비춰주며 통합시키기 때문에 아무리 작은 것도 볼 수 있고 아무리 멀리 있어도 들을 수 있다. 또한 오고 감이 없이도 오고 가면서 몸 안팎에서 쉴 새 없이 벌어지는 수많은 일들을 알아서 처리할 수 있는 것이다. 사실 도인뿐 아니라 사람이라면 누구라도 그렇게 할 수 있다. 그렇게 살기로 굳게 마음먹은 사람이라면 말이다.

자연스럽게 산다는 것은 고정관념을 갖지 않고 끊임없이 변화하며 살아간다는 뜻이다. 많은 사람들은 상식과 습관에 따라 원칙을 고수하는 사람을 일관성 있는 모범적인 사람으로 여기고 존경한다. 하지만 그런 사람은 실은 매우 부자연스러운 인간이다. 살다보면 미운 사람도 고와질 수 있고, 피해자도 가해자로 변할 수 있기 때문이다. 그런 의미에서 고정관념의 틀을 깨고 변화를 받아들이는 사람이 자연스럽게 사는 사람이다.

자연스럽게 사는 사람은 또 모든 것을 통째로 보고 받아들이는 사람이다. 그 때문에 미운 사람과 고운 사람을 통째로 보지 않고 미운 사람은 싫어하고 고운 사람은 좋아하는 태도는 자연스럽게 사는 태도가 아니다. 또한 피해자와 가해자를 통째로 아우르지 않고 따로 따로 분리하여 피해자는 불쌍해하고 가해자는 배척하는 것도 자연스런 삶이 아니다. 실제로 사람의 몸 안에는 깨끗한 피뿐 아니라 더러운 피도 함께 번갈아 돌아가고 있는데, 어떻게 깨끗한 피만 좋아하고 더러운 피를 싫어할 수 있겠는가?

마지막으로 자연스럽게 살기 위해서는 모든 사물을 뒤집어 보는 엉뚱함이 필요하다. 작은 것을 크게 볼 줄 알고, 적은 것을 많게 볼 줄 알며 낮은 것을 높게 볼 줄 아는 엉뚱함이 있어야 한다는 것이다. 어린이에게서 어른을 보고 서민에게서 대통령을 보고, 여자에게서 남자를 보고 자식에게서 부모를 보는 것. 이것은 사실 엉뚱한 궤변이 아니라 역설적 진실이다. 지구 이쪽에서는 발이 아래에 있고 머리가 위에 있지만 지구 반대쪽의 입장에서 보면 머리가 아래에 있고 발이 위에 있는 것이니까.

요컨대 자연스럽게 산다는 것은 물처럼 바람처럼 흙처럼 또는 불처럼, 끊임없이 변화하고 모두를 통째로 끌어안으며 작은 것에서 큰 것을 볼 줄 아는 엉뚱한 상상력을 마음껏 발휘하는 그런 삶이다.

인면와[人面瓦]
신라의 미소, 전흥륜사지출토.

노자로 살아가는 맛

나오며

노자와 그의 『노자』, 즉 『도덕경』을 보거나 들은 사람은 많다. 하지만 노자를 이해하고 실천하는 데 있어서는 여전히 많은 사람들이 어려움을 토로하고 있다. 어떤 사람들은 노자 사상이 근사하긴 한데 너무도 이상적이어서 현실적으로 실천하기가 불가능하다고 말한다. 또 어떤 사람들은 『노자』의 일관성 없고 비논리적인 내용 때문에 혼란스럽다고 한다. 사실 제1장에서부터 시작되는 노자 식 역설과 모순의 세계는 많은 사람들을 혼란스럽게 만들 수 있다. 1 더하기 1은 2여야지 1 더하기 1이 1이라든지 심지어 0이 될 수도 있다면 당연히 어리둥절할 것이다.

하지만 찹쌀떡 한 덩이에 또 한 덩이를 붙이면 두 덩이가 아니라 한 덩이가 되고, 그 한 덩이를 입에 넣으면 오래지 않아 한 덩이도 남아 있지 않게 된다. 이것이 우리가 일상생활에서 경험하는 1 더하기 1이 2가 될 뿐 아니라 1이나 0도 되는 좋은 예이다. 사실 이런 일은 살아가면서 언제 어디서나 경험할 수 있다. 그 때문에 우리는 오히려 현실 생활 속에서 어린아이처럼 상상의 날개를 펼쳐 엉뚱하게 뒤집어 보지 않으면 안 된다는 것이다. 그렇게 볼 때 모든 동화와 우화, 그리고 판타지 소설이나 영화는 그대로 현실이고 진실임을 알 수 있다.

노자는 또 모든 것을 분석하지 말고 종합적으로 아우르라고 한다. 그렇지만 현실 세계에서는 모든 것을 가르고 나누고 짜개는 분별을 요구한다. 그 결과 너와 나가 다르고 동물과 식물이 다르고 하늘과 땅도 다르게 인식된다. 있고 없고가 다르고 남자와 여자가 다르고 예쁘고 밉고도 서로 같지 않다고 여긴다. 사실 주위를 돌아보면 앞과 뒤, 옳고 그름, 크고 작음, 길고 짧음, 강하고 약함, 늙음과 젊음, 밝음과 어두움 등 서로 다른 것투성이다.

그런데 노자는 이 모든 것을 따로 따로 보지 말고 통째로 보라고 하니 답답할 노릇이다. 사실 그른 것과 나쁜 것 대신 옳은 것과 좋은 것을 고르고, 미운 사람과 멍청한 사람 대신 예쁘고 똘똘한 사람을 선택하도록 교육받아 그대로 행하는 많은 사람들에게 이 모두를 통째로 껴안으라는 노자의 말은 혼란스럽기 짝이 없는 일이다. 보이는 눈으로 보면 분명 옳은 건 옳고 그른 건 그르며, 좋은 건 좋고 나쁜 건 나쁘기 때문이다.

하지만 보이지 않는 마음의 눈으로 볼 수 있다면 미운 사람과 고운 사람은 같으며 멍청한 사람과 똑똑한 사람도 같은 것이다. 빛이 없으면 어찌 그림자가 있으며, 키 작은 사람이 없는데 어찌 큰 사람이 존재할 수 있겠는가? 이처럼 정 반대로 보이는 것들조차 동전의 양면처럼 피차 서로 의지하고 있으니, 모든 것을 통째로 보아야 한다는 노자의 말은 그 자체로 진실이다.

이 세상 아니 온 우주의 모든 것이 한시도 끊임없이 변화하고 있음을 모르는 사람은 없다. 이런 이야기가 있다: 어떤 화가가 천사와 악마를 그리려고 적당한 모델을 찾아다니다가 한 소년을 보고 천사의 모습을 발견했다. 그래서 그 아이를 모델로 삼아 천사를 그렸다. 하지만 악마의 모습을 가진 모델을 찾기는 쉽지 않았다. 악마의 모델을 찾기 위해 몇 년을 돌아다니던 끝에 화가는 결국 한 청년을 찾았는데, 뜻밖에도 그 청년은 몇 년 전 천사의 모델이었던 바로 그 소년이었다. 천사와 같이 해맑던 소년이 어느 새 흉악한 악마의 모습으로 변화해버렸던 것이다.

이 이야기는 좀 극단적인 내용이기는 하지만 실제로 어떤 사람도 변하지 않고 처음부터 끝까지 한결같은 몸과 마음을 유지하고 있지 않다는 진실을 극명하게 보여주는 좋은 예이다. 사람뿐 아니라 동식물과 무생물도 늘 한 군데에 머물러 있지 않다. 하다못해 돌멩이도 구르고 구르면서 다른 모양으로 바뀌지 않는가?

그럼에도 불구하고 많은 사람들은 여전히 변하지 않는 법칙을 세우려 하고, 일관된 체계를 세워 놓고 고정적인 답을 찾느라 바쁘다. 또 그렇게 세워놓은 틀을 조금이라도 바꾸거나 흔드는 자가 있으면 손가락질을 하고 몰아세운다. 학교와 회사, 및 군대 등 많은 사회조직과 국가기관이 다 이와 같은 고정관념에 의거하여 시비를 가린다.

하지만 늦고 빠르고의 차이가 있을 뿐 모든 만물만생은 끊임없이 바뀌고 변화하게 마련이다. 심지어 오늘 나온 지도도 내일이면 새 지도로 바뀌는 상황이 벌어진다. 지도가 나온 뒤에도 끊임없이 새로운 길이 완성되고, 새로운 이정표가 세워지기 때문이다. 그렇게 볼 때 우리의 삶이 물처럼 변화하며 흘러간다는 노자의 말은 어김없는 진실이다.

살아가는 이치가 이렇듯 변화무쌍하니 서두르지 말고 천천히, 근중하고 자연스럽게 살아가라는 노자의 조언을 받아들이지 않으면 안 된다. 아무리 급하다고 해도 우물에서 숭늉을 찾을 수는 없기 때문이다. 급하다고 의사도 아닌 사람이 함부로 아픈 사람을 수술할 수 없듯이 자연의 혈맥을 알지 못하는 건설업자가 산을 함부로 개발함으로써 엄청난 자연의 보복을 받아온 역사적 교훈을 잊어서는 안 되는 것이다.

그런 의미에서 볼 때 날이 갈수록 심화되는 첨단 과학기술의 발전도 마냥 박수를 칠 일만은 아니다. 첨단 기술로 인하여 인간관계가 소원해지고, 자본과 자원이 극소수의 사람에게 집중된다면 어떤 바람직하지 못한 상황이 벌어질지 모르기 때문이다. 소수의 자본가가 권력을 잡고 대다수 사람들을 노예 부리듯 하는 그런 상황 말이다. 아니 어쩌면 지구촌에서는 이미 그런 일이 벌어지고 있다고 할 수 있다.

사실 노자는 우리가 일상생활에서 실제로 살아가고 있는 진실을 이야기하고 있을 뿐 심오한 철학자들이나 이해할만한 어려운 이론을 늘어놓지 않았다. 그럼에도 불구하고 여전히 많은 사람들은 노자 사상이 매우 어렵고, 실천에 옮기기는 거의 불가능하다고 생각한다. 이 같은 어려움은 우선 수 천 년의 문화를 담고 있는 한자를 해석해야 하는 데서 비롯된다. 또한 수 천 년 간 수많은 학자들과 편집자들의 손을 거쳐 오늘에 이른 『노자』이니 만큼 원본이나 주석서도 한 가지가 아니라 여러 가지라는 데서도 기인된다.

한자와 판본의 문제에서 오는 어려움 말고도 노자를 이해하고 실천하기 어렵게 만드는 이유는 또 있다. 이는 노자 사상에 관한 두어 가지 오해 때문이다. 그 첫 번째 오해는 노자가 현실을 도피하는 은둔자가 아니냐는 오해이고, 두 번째는 노자가 국민을 사회적인 바보로 만드는 우중정치를 추구했다는 오해이다.

먼저 노자가 국민을 바보로 만든다는 우중정치에 대한 오해를 풀어보자. 이 오해는 『노자』 제80장의 내용에서 비롯되었다. 즉 이에 따르면 지도자가 국민을 다른 나라 사람들과 왕래하지 못하게 고향에 묶어두고, 고향에서 나는 것만 먹고 고향의 풍속만 따르고 문자까지 사용하지 못하게 한다. 그렇게 하여 온 국민을 바보로 만들어놓고 지배자가 마음대로 지배했다는 것이다. 이에 대해서는 앞 챕터에서 어느 정도 해명을 했다. 하지만 이를 다시 한 번 더 강조하자면 다음과 같다.

즉 노자는 국민들만 고향에 묶어두고 고향에서 나는 것만 먹고 고향의 풍속만 따르며 문자도 사용하지 말라고 한 것이 아니라 지도자 자신도 똑 같이 그렇게 살았다. 다시 말해서 『노자』 제80장은 한 나라의 지도자가 온 국민을 바보로 만들어 놓고 자신은 느긋하게 온갖 것을 즐기며 바보들의 행진을 구경하라는 뜻이 절대로 아니다.

오히려 임금이든 백성이든 각자 제 한 몸과 마음을 속속들이 파악하면 제 집 방안에 앉아서도 이웃과 나라, 및 온 세상을 꿰뚫어 알 수 있을 뿐 아니라 조절할 수도 있다는 것을 설파하고 있다. 다만 그런 차원이 되기까지는 노자 자신이 그랬듯 국민들도 글자 공부도 하고 사람들과 만나 대화도 늘이고, 필요하다면 다른 나라에 가서 견문도 넓히는 일을 막지는 않았을 것이다.

이 같은 해석은 『노자』 제80장을 문자 한 글자 한 글자에 얽매이지 않고 전체적 흐름을 따라 새겨나갈 때 비로소 가능하다. 만약 문자 하나하나의 논리만을 따라간다면 걸려 넘어지기 쉽다. 그런 사람은 말의 꼬리를 물고 늘어지기 때문이다. 말 꼬리를 잡고 늘어지는 사람은 전체 문맥을 도외시하고 글자 사이의 모순을 지적하며 트집을 잡는 사람으로, 『노자』의 해석에 있어서도 이런 사람들이 적지 않다. 하지만 언어와 논리를 뛰어넘는 포괄적 관점에서 볼 때에 비로소 노자의 진의가 파악될 수 있는 것이다.

이제 노자 사상이 현실을 도피하는 은둔자의 철학이라는 첫 번째 오해로 돌아간다. 분명 노자는 『도덕경』 곳곳에서 나서기보다는 숨고, 견강하기보다는 유약하고, 위보다는 아래에 처하라고 말하고 있다. 빼어난 산보다는 음습한 골짜기를, 있음보다는 없음을, 움직임보다는 가만히 있음을, 수컷보다는 암컷을, 부성보다는 모성을 더 강조한 것도 사실이다. 그렇게 볼 때 분명 노자 철학은 소극적인 은둔자를 옹호하는 듯하다.

하지만 이는 사람들에게 현실을 도피하고 산속에 은둔하여 소극적이고 피동적인 삶을 살라고 말한 게 아니다. 오히려 그 반대이다. 왜냐하면 결국 유약함이 견강함을 이기고 아래가 위를 싸안고, 없음이 있음을 낳고 가만히 있음이 움직임을 제압하기 때문이다. 이것이 바로 뒤집어 보기, 즉 엉뚱하게 뒤집어 보는 관점이다. 이것은 또 모든 것을 통째로 보는 동시에 잠시도 쉬지 않고 끊임없이 변화하는 관점이기도 하다. 무엇보다 이것은 모든 것을 자연스럽게 보며 사는 것이다.

그러므로 노자 사상이 현실을 도피하는 은둔자의 철학이라는 말은 결코 옳은 말이 아니다. 노자 자신이 주周나라에서 벼슬을 살다가 어느 날 자유롭게 떠났듯, 그는 다른 사람들에게도 현실에서 살면서 일을 할 만하면 머물러 살고, 정이 떠나야 한다고 하면 떠나라고 할 것이다. 이는 노자가 현실 사회에 살면서 돈을 벌고 가정을 꾸리는 것도, 가정이나 직장을 그만두고 떠나는 것도 모두 인정한다는 뜻이다. 노자 식 삶은 이처럼 언제 어디서나 자유롭고 자연스럽게 사는 삶이다.

다시 한 번 강조하지만 자유롭고 자연스럽게 살기 위해서는 모든 것을 가르지 않고 통째로 보고, 만물만생과 함께 변화무쌍하게 흐르면서 만사를 바로도 보고 뒤집어도 보는 자유자재가 필수적이다. 만약 고개 빳빳이 세우고 고정적인 잣대를 가지고 사물을 쪼개고 분리하여 함부로 취사선택하고, 어떤 변화도 인정하지 않으며 한 곳에 머물러 고정적인 시각으로 사물을 농단한다면 노자로 사는 맛을 볼 수 없다.

요컨대 『노자』 81장 오천 자의 내용을 보면 모두가 얽혀 있음을 알 수 있다. 필자는 단지 독자의 이해를 돕기 위해 이를 엉뚱한 뒤집기, 통째로 보기, 끊임없이 변화하기, 및 자연스럽게 살기 등 네 개의 챕터로 나누었을 뿐이다. 그 때문에 사실 어느 대목이 엉뚱한 뒤집기이고 어느 부분은 통째로 보기이고 어느 부분이 끊임없이 변화하기이고 어디서 어디까지가 자연스럽게 살기라고 분류하기는 어렵다. 오히려 거의 대부분의 본문이 이 네 가지 특성을 고루 갖추고 있다고 보는 편이 옳다. 그 때문에 『도덕경』을 『도경』과 『덕경』으로 나누는 것은 부자연스럽다.

사람에게 눈 따로 귀 따로 코 따로 입 따로 존재할 수 없듯이 우리 삶에 있어서 역설과 원통, 및 변화와 자연은 서로 분리되어 돌아가지 않는다. 종교도 마찬가지다. 기독교, 유교, 불교, 도교 등 명칭과 의식은 서로 다르지만 근본 사상인 사랑과 인과 자비, 및 도에 있어서는 별 차이가 없는 것이다.

다른 종교도 마찬가지겠지만 도교道教의 '도道'는 만물만생의 근본 에너지이고, '교教'는 만물만생이 말과 마음과 행위로 소통하면서 한 두름으로 연결되어 돌아가는 생활이다. 인간을 비롯하여 동물과 식물 등 생명 있는 존재와 모든 생명 없는 존재들이 다 뜻과 행으로 소통하는 삶이 바로 도교인 것이다. 그 같은 삶을 목표로 정진하는 사람이라면 누구나 지금 여기에서 노자로 살아가는 맛을 볼 수 있을 것이다.

참고문헌

老子 著, 王弼 注; 列禦寇 著, 張湛 注, 『老子 列子』, 上海古籍出版社, 1989

司馬遷, 『史記』, 岳麓書社, 長沙, 1995

김경탁 역주, 『신역 노자』, 현암사, 1982

도올 김용옥 지음, 『노자와 21세기』, 통나무, 2001

박영호 역저, 『노자』, 두레, 2006

그레타 네이절 지음, 김홍옥 옮김, 『가르침의 도』, 아침이슬, 2009

이석명 지음, 『노자, 비움과 낮춤의 철학』, 천지인, 2011

노태준 역해, 『도덕경』, 홍신문화사, 2011

야오간밍 지음, 손성하 옮김, 『노자강의』, 김영사, 2011

김수청 지음, 『윤산의 노자 읽기』, 신지서원, 2011

조현규, 『왕필이 본 도덕경』, 새문사, 2011

노자 지음, 김학주 옮김, 『노자』, 연암서가, 2011

이정행 지음, 『도덕경코드』, 책나무, 2012

윤재근 편, 『노자』, 동학사, 2012

정명균, 『간명한 노자 도덕경 풀이』, 칠성출판사, 2012

김광하, 『노자 도덕경』, 너울북, 2012

푸페이룽 지음, 한정선 옮김, 『노자를 읽고 장자에게 배운다』, 지와 사랑, 2012

남회근 지음, 설순남 옮김, 『노자타설』 상하, 부키, 2013

이병도 역주, 『삼국사기』, 을류문화사, 1982

최재목 역주, 『노자』, 을류문화사, 2012

박종숙

전북 전주 출생
한국외국어대학교 중국어과 졸업
경향신문 기자
미국 피츠버그대(Uni. of Pittsburgh) 동아시아연구(East Asian Studies) 석사
고려대학교 민족문화연구소 중한사전편찬실 연구원
한국외국어대학교 중국어과 박사
중국사회과학원 문학연구소 방문학자
현 호서대학교 중어중국학과 교수

저서

『百濟, 百濟人, 百濟文化』(1988, 지문사)
『중국문학사의 한국적 고찰』(2003, 지문사)
『한국인이 읽는 中國現代文學史』(2004, 도서출판 한성문화)
『한국여성의 눈으로 본 중국현대문학』(2007, 신아사)
『한권으로 흐르는 중국문학 수천년』(2010, 신아사)
『중국문학 이야기』(2011, 신아사)

역서

샤오홍『후란강이야기』(2007, 신성출판사)
大行禪師 法語『生活就是參禪修行』(2010, 도서출판 瓦署)

공저

『中國現實主義文學論』(1996, 법문사)
『중국현대문학의 세계』(1997, 현암사)
『중국이 보인다』(1998, 일빛)
『중국시의 전통과 모색』(2003, 신아사)
『중국문학의 전통과 모색』(2008, 신아사)
『짜오! 차이나』(2000, 해냄)

공역

이사벨라 버드 비숍,『양자강을 가로질러 중국을 보다』(2005, 효형출판)

노자로 살아가는 맛

1판 1쇄 펴냄 _ 2014년 2월 20일

저　　자 • 박 종 숙
발 행 인 • 정 현 걸
발　　행 • 신 아 사
인　　쇄 • 예지인쇄
출판등록 • 1956년 1월 5일 (제9-52호)
주　　소 • 서울특별시 은평구 녹번동 28-36번지 2F
전　　화 • 02) 382-6411 · 팩스 02) 382-6401
홈페이지 • www.shinasa.co.kr
E - MAIL • shinasa@daum.net

ISBN 978-89-8396-843-2 (93720)

정가 *9,000*원